हरिशंकर परसाई

22 अगस्त, 1924 को मध्य प्रदेश, होशंगाबाद के जमानी गाँव में जन्मे हरिशंकर परसाई का आरम्भिक जीवन कठिन संघर्ष का रहा। पारिवारिक जिम्मेदारियों के बीच उन्होंने नागपुर विश्वविद्यालय से हिन्दी में एम.ए. किया और फिर 'डिप्लोमा इन टीचिंग' का कोर्स भी।

उनकी प्रकाशित कृतियाँ हैं—'हँसते हैं रोते हैं', 'जैसे उनके दिन फिरे' (कहानी-संग्रह); 'रानी नागफनी की कहानी', 'तट की खोज' (उपन्यास); 'तब की बात और थी', 'भूत के पाँव पीछे', 'बेईमानी की परत', 'वैष्णव की फिसलन', 'पगडंडियों का जमाना', 'शिकायत मुझे भी है', 'सदाचार का तावीज', 'विकलांग श्रद्धा का दौर', 'तुलसीदास चन्दन घिसैं', 'हम इक उम्र से वाकिफ हैं', 'जाने-पहचाने लोग', 'कहत कबीर', 'ठिठुरता हुआ गणतंत्र' (व्यंग्य निबन्ध-संग्रह); 'पूछो परसाई से' (साक्षात्कार)। 'परसाई रचनावली' शीर्षक से छह खंडों में उनकी सभी रचनाएँ संकलित हैं। लगभग सभी भारतीय भाषाओं और अंग्रेजी में उनकी रचनाओं के अनुवाद हुए हैं।

उन्हें 'साहित्य अकादेमी पुरस्कार', मध्य प्रदेश के 'शिखर सम्मान' समेत कई पुरस्कारों से सम्मानित किया गया।

10 अगस्त, 1995 को उनका निधन हुआ।

विकलांग श्रद्धा का दौर

हरिशंकर परसाई

राजकमल पेपरबैक्स

पहला पुस्तकालय संस्करण
राजकमल प्रकाशन प्राइवेट लिमिटेड द्वारा
1980 में प्रकाशित में प्रकाशित

राजकमल पेपरबैक्स में
पहला संस्करण : 1994
सत्रहवाँ संस्करण : 2024

राजकमल पेपरबैक्स : उत्कृष्ट साहित्य के जनसुलभ संस्करण

राजकमल प्रकाशन प्रा.लि.
1-बी, नेताजी सुभाष मार्ग, दरियागंज
नई दिल्ली-110 002
द्वारा प्रकाशित

शाखाएँ : अशोक राजपथ, साइंस कॉलेज के सामने, पटना-800 006
पहली मंजिल, दरबारी बिल्डिंग, महात्मा गांधी मार्ग, प्रयागराज-211 001
1, अनमोल सोराबजी संतुक लेन, धोबी तलाव, मरीन लाइंस, मुम्बई-400 002
वेबसाइट : www.rajkamalprakashan.com
ई-मेल : info@rajkamalprakashan.com

बी.के. ऑफसेट
नवीन शाहदरा, दिल्ली-110 032
द्वारा मुद्रित

मूल्य : ₹ 199

VIKALANG SHRADDHA KA DAUR
Satirical Essays by Harishankar Parsai

ISBN : 978-81-267-0117-9

कैफियत

कुछ चुनी हुई रचनाएँ इस संग्रह में हैं। ये 1975 से 1979 तक की अवधि में लिखी गई हैं। 2-4 पहले की भी हो सकती हैं। पिछले सालों में मैंने लघुकथाएँ अधिक लिखी हैं। वे इस संग्रह में हैं।

पिछले 5 सालों में दो घटनाएँ महत्त्वपूर्ण हुईं—1975 से राजनीतिक उथल-पुथल और 1976 में मेरी टाँग का टूटना। राजनीतिक विकलांगता और मेरी शारीरिक विकलांगता। 1974 में 'सम्पूर्ण क्रान्ति' नाम से गैरकम्युनिस्ट दलों का आन्दोलन चला। जून 1975 में आपात्तकाल लगा। 1976 के अन्त में आपातकाल उठा और मार्च 1977 में आम चुनाव हुआ। कांग्रेस हारी। 5 गैरकम्युनिस्ट गुटों के गठबन्धन में 'जनता पार्टी' बनी और मोरार जी भाई के नेतृत्व में केन्द्रीय सरकार बनी। इसे इन लोगों ने 'दूसरी आजादी' कहा। जनता सरकार ने पिछली सरकार के कार्यों की जाँच के लिए जाँच

कमीशन बिठाए। सम्पूर्ण क्रान्ति, आपातकाल, जनता पार्टी सरकार, जाँच कमीशन के बारे में मेरे अपने विचार रहे। ये विचार मैंने खुलकर प्रकट किए। बहुत लेखक दूसरे विचार रखते हैं। कौन सही है, कहा नहीं जा सकता।

मैंने इस सन्दर्भ में लिखी कुछ रचनाएँ इस संग्रह में दी हैं। 'तीसरी आजादी का जाँच कमीशन' के अन्तर्गत तीन रचनाएँ ऐसी हैं। जाँच कमीशन का काम रोज सघन प्रचार के साथ जिस तरह होता, वह हास्यास्पद हो गया है। इस दौर में चरित्रहनन भी बहुत हुआ। वास्तव में यह दौर राजनीति में मूल्यों की गिरावट का था। इतना झूठ, फरेब, छल पहले कभी नहीं था। दगाबाजी संस्कृति हो गई थी। दोमुँहापन नीति। बहुत बड़े-बड़े व्यक्तित्व बौने हो गए। श्रद्धा सब कहीं से टूट गई। इन सब स्थितियों पर मैंने जहाँ-तहाँ लिखा। इनके सन्दर्भ भी कई रचनाओं में प्रसंगवश आ गए हैं। आत्म-पवित्रता के दम्भ के इस राजनीतिक दौर में देश के सामाजिक जीवन में सब कुछ टूट-सा गया। भ्रष्ट राजनीतिक संस्कृति ने अपना असर सब कहीं डाला। किसी का किसी पर विश्वास नहीं रह गया था—न व्यक्ति पर, न संस्था पर। कार्यपालिका, विधायिका और न्यायपालिका का नंगापन प्रकट हो गया। श्रद्धा कहीं नहीं रह गई। यह विकलांग श्रद्धा का भी दौर था। अभी भी सरकार बदलने के बाद स्थितियाँ सुधरी नहीं। गिरावट बढ़ ही रही है। किसी दल का बहुत अधिक सीटें जीतना और सरकार बना लेना, लोकतंत्र की कोई गारंटी नहीं है। लोकतांत्रिक स्पिरिट गिरावट पर है।

मेरी टाँग का टूटना भी एक व्यक्तिगत आपातकाल था, जो मेरी मानसिकता पर छाया रहा। इस मानसिकता से मैंने एक से अधिक निबन्ध और कहानियाँ लिखीं। इस दुर्घटना के सन्दर्भ भी कई जगह आ गए हैं। राजनीतिक और व्यक्तिगत विकलांगता की प्रतिक्रियास्वरूप जिस अभिव्यक्ति की प्रेरणा हुई, मैंने उसे पुनरावृत्ति की परवाह किए बिना प्रकट किर दिया है।

एक लम्बी फैंटेसी मैंने धारावाहिक शुरू की है—रिटायर्ड भगवान की कथा। इसकी भूमिका एक अलग निबन्ध ही है, जो इस संग्रह में दे दिया गया है।

—हरिशंकर परसाई

अनुक्रम

एक मध्यवर्गीय कुत्ता

मेरे मित्र की कार बँगले में घुसी तो उतरते हुए मैंने पूछा, "इनके यहाँ कुत्ता तो नहीं है?"

मित्र ने कहा, "तुम कुत्ते से बहुत डरते हो!"

मैंने कहा, "आदमी की शक्ल में कुत्ते से नहीं डरता। उनसे निपट लेता हूँ। पर सच्चे कुत्ते से बहुत डरता हूँ।"

कुत्तेवाले घर मुझे अच्छे नहीं लगते। वहाँ जाओ तो मेजबान के पहले कुत्ता भौंककर स्वागत करता है। अपने स्नेही से नमस्ते हुई ही नहीं कि कुत्ते ने गाली दे दी—'क्यों यहाँ आया बे? तेरे बाप का घर है? भाग यहाँ से!'

फिर कुत्ते के काटने का डर नहीं लगता—चार बार काट ले। डर लगता है उन चौदह बड़े-बड़े इंजेक्शनों का जो डॉक्टर पेट में घुसेड़ता है। यूँ कुछ आदमी कुत्ते

से अधिक जहरीले होते हैं। एक परिचित को कुत्ते ने काट लिया था। मैंने कहा, "इन्हें कुछ नहीं होगा। हालचाल उस कुत्ते के देखो और इंजेक्शन उसे लगाओ।"

एक नए परिचित ने मुझे घर पर चाय के लिए बुलाया। मैं उनके बँगले पर पहुँचा तो फाटक पर तख्ती टँगी दीखी—'कुत्ते से सावधान!' मैं फौरन लौट गया। कुछ दिनों बाद वे मिले तो शिकायत की—"आप उस दिन चाय पीने नहीं आए।"

मैंने कहा, "माफ करें। मैं बँगले तक गया था। वहाँ तख्ती लटकी थी—'कुत्ते से सावधान!' मेरा खयाल था, उस बँगले में आदमी रहते हैं। पर नेमप्लेट कुत्ते की टँगी दीखी।"

यूँ कोई-कोई आदमी कुत्ते से बदतर होता है। मार्क ट्वेन ने लिखा है—'यदि आप भूखे मरते कुत्ते को रोटी खिला दें, तो वह आपको नहीं काटेगा। कुत्ते में और आदमी में यही मूल अन्तर है।'

बँगले में हमारे स्नेही थे। हमें वहाँ तीन दिन ठहरना था। मेरे मित्र ने घंटी बजाई तो जाली के अन्दर से वही भौं-भौं की आवाज आई। मैं दो कदम पीछे हट गया। हमारे मेजबान आए। कुत्ते को डाँटा—'टाइगर! टाइगर!' उनका मतलब था—'शेर, ये लोग कोई चोर-डाकू नहीं हैं। तू इतना वफादार मत बन।'

कुत्ता जंजीर से बँधा था। उसने देख भी लिया था कि हमें उसके मालिक खुद भीतर ला रहे हैं पर वह भौंके जा रहा था। मैं उससे काफी दूर से लगभग दौड़ता हुआ भीतर गया।

मैं समझा, यह उच्चवर्गीय कुत्ता है। लगता ऐसा ही है। मैं उच्चवर्गीय का बड़ा अदब करता हूँ। चाहे वह कुत्ता ही क्यों न हो। उस बँगले में मेरी अजब स्थिति थी। मैं हीनभावना से ग्रस्त था—इसी अहाते में एक उच्चवर्गीय कुत्ता और इसी में मैं! वह मुझे हिकारत की नजर से देखता।

शाम को हम लोग लॉन में बैठे थे। नौकर कुत्ते को अहाते में घुमा रहा था।

मैंने देखा, फाटक पर आकर दो 'सड़किया' आवारा कुत्ते खड़े हो गए। वे सर्वहारा कुत्ते थे। वे इस कुत्ते को बड़े गौर से देखते। फिर यहाँ-वहाँ घूमकर लौट आते और इस कुत्ते को देखते रहते। पर यह बँगलेवाला उन पर भौंकता था। वे सहम जाते और यहाँ-वहाँ हो जाते। पर फिर आकर इस कुत्ते को देखने लगते।

मेजबान ने कहा, "यह हमेशा का सिलसिला है। जब भी यह अपना कुत्ता बाहर आता है, वे दोनों कुत्ते इसे देखते रहते हैं।"

मैंने कहा, "पर इसे उन पर भौंकना नहीं चाहिए। यह पट्टे और जंजीरवाला है। सुविधाभोगी है। वे कुत्ते भुखमरे और आवारा हैं। इसकी और उनकी बराबरी नहीं है। फिर यह क्यों चुनौती देता है?"

रात को हम बाहर ही सोए। जंजीर से बँधा कुत्ता भी पास ही अपने तखत पर सो रहा था। अब हुआ यह कि आसपास जब भी वे कुत्ते भौंकते, यह कुत्ता भी भौंकता। आखिर यह उनके साथ क्यों भौंकता है? यह तो उन पर भौंकता है। जब वे मुहल्ले में भौंकते हैं तो यह भी उनकी आवाज में आवाज मिलाने लगता है, जैसे उन्हें आश्वासन देता हो कि मैं यहाँ हूँ, तुम्हारे साथ हूँ।

मुझे इसके वर्ग पर शक होने लगा है। यह उच्चवर्गीय कुत्ता नहीं है। मेरे पड़ोस में ही एक साहब के पास थे दो कुत्ते। उनका रोब ही निराला! मैंने उन्हें कभी भौंकते नहीं सुना। आसपास कुत्ते भौंकते रहते, पर वे ध्यान नहीं देते थे। लोग निकलते, पर वे झपटते भी नहीं थे। कभी मैंने उनकी एक धीमी गुर्राहट ही सुनी होगी। वे बैठे रहते या घूमते रहते। फाटक खुला होता, तो भी बाहर नहीं निकलते थे। बड़े रोबीले, अहंकारी और आत्मतुष्ट।

यह कुत्ता उन सर्वहारा कुत्तों पर भौंकता भी है और उनकी आवाज में आवाज भी मिलाता है। कहता है—'मैं तुममें शामिल हूँ।' उच्चवर्गीय झूठा रोब भी और संकट के आभास पर सर्वहारा के साथ भी—यह चरित्र है इस कुत्ते का। यह मध्यवर्गीय चरित्र है। यह मध्यवर्गीय कुत्ता है। उच्चवर्गीय होने का ढोंग भी करता है और सर्वहारा के साथ मिलकर भौंकता भी है।

तीसरे दिन रात को हम लौटे तो देखा, कुत्ता त्रस्त पड़ा है। हमारी आहट पर वह भौंका नहीं, थोड़ा-सा मरी आवाज में गुर्राया। आसपास वे आवारा कुत्ते भौंक रहे थे, पर यह उनके साथ भौंका नहीं। थोड़ा गुर्राया और फिर निढाल पड़ गया।

मैंने मेजबान से कहा, "आज तुम्हारा कुत्ता बहुत शान्त है।"

मेजबान ने बताया, "आज यह बुरी हालत में है। हुआ यह कि नौकर की गफलत के कारण यह फाटक के बाहर निकल गया। वे...कुत्ते तो घात में थे ही। दोनों ने इसे घेर लिया। इसे रगेदा। दोनों इस पर चढ़ बैठे। इसे काटा। हालत खराब हो गई। नौकर इसे बचाकर लाया। तभी से यह सुस्त पड़ा है और घाव सहला रहा है। डॉक्टर श्रीवास्तव से कल इसे इंजेक्शन दिलाऊँगा।"

मैंने कुत्ते की तरफ देखा। दीन भाव से पड़ा था। मैंने अन्दाजा लगाया। हुआ यों होगा—

यह अकड़ से फाटक के बाहर निकला होगा। उन कुत्तों पर भौंका होगा। उन कुत्तों ने कहा होगा—'अबे, अपना वर्ग नहीं पहचानता। ढोंग रचता है। ये पट्टा और जंजीर लगाए है। मुफ्त का खाता है। लॉन पर टहलता है। हमें ठसक दिखाता है। पर रात को जब किसी आसन्न संकट पर हम भौंकते हैं, तो तू भी हमारे साथ हो जाता है। संकट में हमारे साथ है, मगर यों हम पर भौंकेगा। हममें से है तो निकल बाहर। छोड़ यह पट्टा और जंजीर। छोड़ यह आराम। घूर पर पड़ा अन्न खा या चुराकर रोटी खा। धूल में लोट।'

यह फिर भौंका होगा। इस पर वे कुत्ते झपटे होंगे। यह कहकर—'अच्छा ढोंगी, दगाबाज, अभी तेरे झूठे वर्ग का अहंकार नष्ट किए देते हैं।'

इसे रगेदा, पटका, काटा और धूल खिलाई।

कुत्ता चुपचाप पड़ा अपने सही वर्ग के बारे में चिन्तन कर रहा है।

देशवासियों के नाम सन्देश

[भूतपूर्व प्रधानमंत्री मोरारजी देसाई के 1977 में भाषणों और सन्देशों से प्रेरित]

ऐसा भी हो सकता है कि परिस्थितियाँ मुझे उछाल दें कि मैं शासक पार्टी और सरकार का बड़ा नेता बन जाऊँ। प्रधानमंत्री भी बन सकता हूँ। तब मुझे देशवासियों के नाम सन्देश प्रसारित करना पड़ेगा। मैं आशाओं और आश्वासनों से भरा यह सन्देश प्रसारित करूँगा :

मेरे देशवासियो,

मैंने आप लोगों को 'देवियो' और 'सज्जनो' नहीं कहा। जब से उस स्त्री 'इन्दिरा गांधी' ने आपातकाल लगाकर हम लोगों को तंग किया है, मैं किसी स्त्री को 'देवी' नहीं कहता। पहले मैं प्रार्थना में 'सीताराम' और 'राधाकृष्ण' कहता था, पर अब केवल 'रामकृष्ण' कहता हूँ। मेरी सलाह है कि आपमें जिनका नाम सीताराम है,

वे उसे रामचरन कर लें; और राधाकृष्ण अब कृष्णदास हो जाएँ। अगर आप जल्दी ऐसा नहीं करेंगे तो मैं गृहमंत्री से कह दूँगा और वे आपको 'दुरुस्त' कर देंगे।

आप लोगों ने हम पर विश्वास करके हमें सत्ता सौंपी। ऐसा आपने पहली बार नहीं किया है। पहले भी आप विश्वास करके ही सत्ता सौंपते रहे हैं। तो, जैसे पिछली सरकार ने आपके विश्वास को फलीभूत किया, वैसे ही हम भी करेंगे। हम उनसे किसी कदर हेठे नहीं पड़ेंगे।

देश के सामने बहुत समस्याएँ हैं। पिछली सरकार ने समस्याएँ-ही-समस्याएँ छोड़ी हैं। आखिर हम क्या हैं? हम भी तो पिछली सरकार की छोड़ी हुई समस्या हैं। तो देश की सबसे बड़ी समस्या गरीबी और बेकारी है। हम दस वर्षों में गरीबी और बेकारी खत्म कर देना चाहते हैं। मगर आप कहेंगे कि यह बहुत जल्दी है। बीस साल में खत्म होना चाहिए। खैर, हम समझौता कर लेते हैं—पन्द्रह सालों में गरीबी और बेकारी मिटाएँगे। आप भी खुश, हम भी खुश। पर मैं आपसे साफ कहे देता हूँ कि आप कितना भी जोर डालें, पन्द्रह साल से एक दिन भी ऊपर हम गरीबी और बेकारी नहीं चलने देंगे। आपको भला लगे, चाहे बुरा।

दूसरी समस्या महँगाई की है। सरकार जानती है कि मुनाफाखोरी हो रही है। पर मुनाफाखोरी मिट सकती है यदि लोग महँगी चीजें खरीदने से इनकार कर दें। गेहूँ महँगा है तो मत खरीदिए। दाल महँगी है तो मत खरीदिए। जब लोग खरीदेंगे ही नहीं तो मुनाफाखोर किसे बेचेगा? मुनाफाखोरी अपने आप खत्म हो जाएगी। अब आप कहेंगे कि नहीं खरीदेंगे तो खाएँगे क्या? मैं पूछता हूँ, क्या दाल-रोटी से ही पेट भरता है? आप फल और दूध का सेवन कीजिए। फिर भी इस मामले में सरकार अपना कर्तव्य करेगी। हम महँगाई पाँच साल, तीन महीने और बारह दिन में खत्म कर देंगे।

हरिजनों की समस्याएँ भी हैं। ये समस्याएँ इसलिए पैदा हुईं कि इन लोगों को 'हरिजन' कहा जाता है। हमारे विशेषज्ञ विचार कर रहे हैं कि इन्हें कौन-सा दूसरा नाम दिया जाए। जब हरिजन ही नहीं होंगे तो हरिजन समस्या भी नहीं रहेगी। न रहेगा झाड़, न बजेगी बाँसुरी—झाड़ से मेरा मतलब बाँस से है। अब नया नाम खोजने और उसे बदलने में समय लगेगा। हम इस समस्या को सात साल, चार महीने और तेरह दिनों में खत्म कर देंगे।

लोग कहते हैं कि तस्करी बढ़ी है। पर तस्कर तो रोटरी क्लबों में नैतिकता पर भाषण दे रहे हैं। वे अपने ही लोगों के बीच हैं। मैंने तस्करों से बात की है। उनका स्तर उठ गया है। वे अब अन्तर्राष्ट्रीय नहीं, अन्तरग्रहीय तस्करी करना चाहते हैं। इसके लिए उन्हें कुछ अन्तरिक्षयान चाहिए। हम इस बारे में अमेरिका से बात कर रहे हैं। हम खुद भी अन्तरिक्षयान बना रहे हैं। जब तस्करों को अन्तरिक्षयान की

सुविधा मिल जाएगी, तब वे चाँद से यूरेनियम लाकर अमेरिका में बेचा करेंगे। पर तब तक उन्हें अभ्यास बनाए रखने के लिए यहीं तस्करी करने दी जाएगी। मेरा विश्वास है, हम आठ साल, तीन महीने और सात दिनों में तस्करी खत्म कर देंगे।

भ्रष्टाचार की समस्या पर भी हमारा ध्यान है। इसे खत्म करने के लिए हम नए और सदाचारी मनुष्य पैदा करेंगे। हमारे वैज्ञानिकों ने ऐसी दवाएँ और इंजेक्शन खोज लिये हैं, जो गर्भवती को दिए जाएँगे तो सदाचारी बच्चा पैदा होगा। हम भ्रष्टाचार को गर्भ में ही खत्म कर देंगे। यह उपाय हम तत्काल चालू कर रहे हैं। यदि दवा और इंजेक्शन नकली नहीं हुए, तो परिणाम शुभ होगा। अब नौ महीने तो गर्भ के हो गए। इसके बाद लगभग बीस-इक्कीस साल में आदमी कार्यक्षेत्र में आएगा तो भ्रष्टाचार बीस साल, नौ महीनों में खत्म हो जाएगा।

मैं तो शराबबन्दी भी तुरन्त लागू करना चाहता हूँ। पर मंत्रिमंडल में इस बारे में मतभेद है। आप जानते हैं, सरकार का संयुक्त उत्तरदायित्व होता है। हमें एक-दूसरे को समझाने में पाँच साल लगेंगे। यदि इस अवधि में सारा मंत्रिमंडल विरोधी हो गया तो तत्काल शराबबन्दी लागू हो जाएगी। पर यदि पीनेवालों ने मुझ जैसों को भी मदिराप्रेमी बना दिया तो मैं आपसे कहूँगा कि नशाबन्दी देश के हित में नहीं है।

शिक्षा की समस्या भी है। असल में यह शिक्षा की समस्या अंकों की समस्या है। प्रश्न है : 10+2+3 हो या 10+3+2 हो। 10 के बाद 2 हो या 3, यह समस्या है। हम लोग इस समस्या को चार साल, दस महीने और बीस दिनों में सुलझा लेंगे।

और भी कई समस्याएँ हैं। लोग पान का पीक सड़क पर थूक देते हैं। ढोर कहीं भी गोबर कर देते हैं। कुत्ते भौंकते हैं। साँप काटते हैं। गधे रेंकते हैं। भैंस दूध में पानी की मिलावट करती है। जानवर खुलेआम प्रेम-व्यापार करते हैं। सूअर मैला खाता है। शेर बिना पकाए गोश्त खा जाता है।

हम इन सबको ठीक करेंगे, पर कोई काम बदले की भावना से नहीं करेंगे। यदि हम कुत्ते के लघुशंका के तरीके पर पाबन्दी लगाते हैं तो हम यह सब इस बदले की भावना से नहीं कर रहे हैं कि वह हम पर भौंकता था। हम उसका नैतिक उत्थान करना चाहते हैं। इन सब सुधारों में भी पन्द्रह साल, सात महीने और तीन दिन लग जाएँगे।

हम नागरिकों के स्वास्थ्य की समस्या भी सुलझाएँगे। मलेरिया और कैंसर ये दो रोग हमें दूर करने हैं। हमारे स्वास्थ्य मंत्री ने खोज कर ली है कि ये दोनों रोग एक ही तरह के मच्छर से होते हैं। इन मच्छरों को नष्ट करने की दवा भी उन्होंने खोज ली है। यह दवा बाहर मलेरिया के मच्छरों को मारने के लिए छिड़की जाएगी और यही दवा कैंसर के मच्छरों को मारने के लिए आदमी के पेट में भी छिड़की जाएगी। इस तरह हम नौ साल, एक महीना और दस दिनों में मलेरिया तथा कैंसर को खत्म कर देंगे।

हम जनता का नैतिक उत्थान भी करेंगे। हमें ज्ञान हुआ है कि पिछले शासन के काल में पातिव्रत धर्म में काफी गिरावट आई है। सरकार इससे चिन्तित है। मैं जब नजरबन्दी में था, तब समय काटने के लिए मैंने 'रामचरितमानस' का पाठ कई बार किया। उसमें उत्तम नारी का यह लक्षण बताया गया है।

उत्तम के अस बस मन माहीं।
सपनेहुँ आन पुरुष जग नाहीं॥

कुछ दुष्ट इसका उलटा अर्थ निकालते हैं कि उत्तम नारी वह है जिसके लिए सपने में कोई परपुरुष नहीं होता—अर्थात् सब अपने ही होते हैं। ऐसे दुष्टों के खिलाफ सरकार कानूनी कार्यवाही करेगी। हम दस साल, आठ महीने और दस दिनों में इस देश में पातिव्रत धर्म की पुनः प्रतिष्ठा कर देंगे।

अब जोड़िए कि ये सारी समस्याएँ कितने सालों में सुलझ जाएँगी। गरीबी और बेकारी खत्म करने के लिए 15 साल, महँगाई 5 साल 3 महीने 12 दिन—इस तरह जोड़कर देखें तो सारी समस्याएँ सिर्फ 101 साल, 1 महीना और 15 दिनों में हल हो जाएँगी।

जयहिंद!

वह क्या था

सुबह उनकी मृत्यु हो गई। वह इतवार को छुट्टी के दिन मरे। बरसात है, पर वह खुले दिन मरे। सुबह मर गए जिससे हमने तीन-चार घंटों में उन्हें फूँक दिया। रात को मरते तो रतजगा होता और औरतों को ज्यादा विलाप करना पड़ता। हार्टफेल से एकदम मर गए, किसी को उनकी सेवा करने की तकलीफ नहीं हुई। शनिवार को वेतन लेकर क्रिया-कर्म का खर्च छोड़कर मरे। वसीयत लिखकर मरे, जिससे आगे परिवार में झगड़ा न हो।

जैसे जिए, वैसे ही मरे।

शाम को बरामदे में बैठा उनके बारे में सोच रहा हूँ। कितनी ही बेसिलसिले बातें याद आती हैं।

मेरे बरामदे से उनकी सीढ़ियाँ दीखती हैं। मैं उन्हें सीढ़ियों से चढ़ते-उतरते देखता।

वह बहुत हलके पाँव रखकर धीरे-धीरे सीढ़ियाँ चढ़ते-उतरते। इस तरह कि सीढ़ियों पर दबाव न पड़े, उन्हें धक्का न लगे। आहट नहीं करते। लगता, जैसे अपने ही घर में चोरी करने घुस रहे हों। वह सीढ़ी से माफी-सी माँगते थे—माफ करना, मुझे तुम्हारे ऊपर पाँव रखना पड़ रहा है। मेरी मजबूरी है। मुझे घर में तो जाना ही पड़ेगा।

जगह छोटी है। सीढ़ी के पास कभी तीन-चार साइकिलें रखी होतीं। वह कोई साइकिल हटाकर रास्ता नहीं बनाते। लहराते और लचीले होते साइकिलों के बीच से ऐसे निकल जाते कि किसी साइकिल को स्पर्श भी नहीं होता।

मैं बरामदे में बैठा होता तो वह नमस्ते करते। आहिस्ता से एक हाथ आधा उठाते और बहुत धीरे से 'नमस्ते' कहते। जब उनका हाथ नीचे गिर जाता तब मुझे सिर्फ '...ते' सुनाई पड़ता। वह पहली सीढ़ी पर पाँव रखते, तब मुझे उनका हाथ गिरता दीखता और 'ते' सुनाई पड़ता। वह फुर्ती से गर्मजोशी के साथ दोनों हाथ जोड़कर पूरा 'नमस्ते' नहीं कहते। उन्हें डर था, मैं हड़बड़ाकर झटके के साथ हाथ जोड़ूँगा। वह मुझे इस तकलीफ से बचाते थे। कभी मैं पहले जोर से नमस्ते कर लेता तो वह ठिठक जाते। क्षण-भर स्थिति को समझते और हाथ आधा उठाकर 'ते' करते हुए सीढ़ी पर पाँव रख देते।

कभी मेरे पास वह दो मिनट बैठ जाते। याद आता है। वे बैठे थे। मक्खियाँ बहुत थीं। मैं एक पत्रिका से जोर से मक्खियाँ उड़ा रहा था। मैंने देखा, उनकी नाक पर भी दो मक्खियाँ बैठी हैं। बड़ी देर बाद उन्होंने हाथ उठाया और आहिस्ता से मक्खियों को उड़ा दिया। वह जैसे क्षमा माँग रहे हों—'माफ करना, मेरा इरादा तुम्हें कतई तकलीफ देने का नहीं है। पर तुम मेरी नाक पर बैठी हो। जरा परे हट जाओ। चाहो तो दुबारा बैठ जाना, नाक तुम्हारी ही है।'

एक दिन शाम से बिजली चली गई। मैं मोमबत्ती लगाए बैठा था। वह आकर बैठ गए। मैंने कहा, "बिजली चली गई।"

वह बोले, "हाँ जी, बड़ा अँधेरा हो गया।"

मैंने कहा, "मेरी तो तबीयत ठीक नहीं है। आप उस सामने के मकान से फोन कर दीजिए। बिजली आ जाएगी।"

उन्होंने कहा, "आ जाएगी, जी। सभी के यहाँ तो अँधेरा है।"

वह नहीं गए। मैंने दुबारा कहा तो उन्होंने वही जवाब दिया, "सभी के यहाँ तो अँधेरा है।"

मुझे समझ में नहीं आ रहा था कि सबके घर में अँधेरा है, इससे उनके घर में उजाला कैसे हो जाता है! पर वह तो सन्तोष से बैठे थे।

बरसात में सामने पानी भर गया था। कीचड़ जमा हो गया था। वह अकसर कहते, "यहाँ कीचड़ हो गया है। तकलीफ होती है।"

मैंने कहा, ''वहाँ थोड़े पत्थर और ईंटें डलवा दीजिए।''

उन्होंने कहा, ''क्या करेंगे, जी। सभी को तकलीफ है।''

सभी को तकलीफ है, इस अहसास से वह वहाँ पत्थर और ईंटें नहीं डलवा रहे थे। पाँव, जूते और कपड़े खराब करके कीचड़ में से निकलते। एक पड़ोसी ने वहाँ पत्थर वगैरह डलवाए तो इन्हें भी सुभीता हो गया।

कितनी ही छोटी-छोटी बातें हैं। अजब आदमी था। कोई प्रतिरोध करता ही नहीं था।

एक दिन बाहर से आए तो मेरे पास बैठ गए। कहने लगे, ''मुझे तो पड़ोसी के कुत्ते ने काट लिया।''

मैंने कहा, ''कहाँ पर?''

उन्होंने कहा, ''मैं चला जा रहा था कि कुत्ता झपटा। पाँव में उसने मुँह मारा। गनीमत यह हुई कि उसके दाँत पाँव में नहीं लगे। पैंट फट गई। यह देखिए।''

मुझे गुस्सा आया। मैंने कहा, ''उस कुत्ते की बहुत शिकायतें हैं। आप पुलिस में रिपोर्ट कीजिए।''

उन्होंने कहा, ''क्या रिपोर्ट करें, जी। सभी कुत्ते काटते हैं।''

मैंने कहा, ''आपकी पैंट फट गई है। आप कुत्ते के मालिक से पैंट के पैसे लीजिए।''

उन्होंने शान्ति से कहा, ''अजी, सभी को कुत्ते काटते हैं।''

एक दिन उनकी लड़की शाम को बड़ी देर तक घर वापस नहीं आई। उसकी माँ परेशान थी। वह गम्भीर थे। उनकी पत्नी बार-बार उनसे कहती, ''जाओ, तलाश करो। बहुत अँधेरा हो गया है। जमाना खराब लगा है।''

उन्होंने कहा, ''जमाना तो सभी के लिए खराब लगा है।''

थोड़ी देर बाद लड़की आ गई। मैं सोच रहा था, ये उसे डाँटेंगे।

उन्होंने कहा, ''बेबी, तू बहुत तंग करती है।'' और झट से जोड़ा, ''सभी बेबियाँ तंग करती हैं।''

बात खत्म।

एक दिन मैंने कहा, ''सुना है, सरकार महँगाई-भत्ते की यह किस्त नहीं दे रही है।''

उन्होंने कहा, ''हाँ जी, सभी को नहीं दे रही है।''

मैंने कहा, ''आप लोग कुछ कर नहीं रहे हैं?''

उन्होंने कहा, ''क्या करें, जी? देनेवाली तो सरकार है। हम तो लेनेवाले हैं। जब सरकार देगी, तब ले लेंगे।''

कुछ दिन बाद हड़ताल की घोषणा हो गई। मैंने उनसे कहा, ''कल से आपके

यहाँ हड़ताल है। आप तो कल काम पर नहीं जाएँगे।"

उन्होंने कहा, "मैं तो काम पर जाऊँगा।"

मैंने कहा, "क्यों? आप हड़ताल नहीं करेंगे?"

उनका जवाब था, "सभी तो हड़ताल कर रहे हैं, जी। मेरे नहीं करने से क्या बिगड़ता है?"

मैंने कहा, "तो आप मँहगाई-भत्ता नहीं लेंगे?"

उन्होंने कहा, "सबको मिलेगा तो मैं भी ले लूँगा।"

विचित्र आदमी थे। हर स्थिति में यों बरकाकर निकल जाते थे।

तटस्थ भाव वह हर स्थिति में बनाए रखते। चुनाव हो रहे थे। मेरे पास उनके सिवा दो आदमी और बैठे थे। हम लोग पार्टियों के बारे में, उम्मीदवारों के बारे में बातें कर रहे थे। उनके गुण-दोषों की चर्चा हो रही थी।

एक ने कहा, "इस बार जनता पार्टी जरूर जीतेगी।"

दूसरे ने कहा, "नहीं, कुछ भी हो, कांग्रेस के जीतने के आसार हैं।"

उन्होंने धीरे-से कहा, "देखिए जी, दो लड़ते हैं तो एक जीतता ही है।"

मैंने कहा, "पर आपको कौन-सी पार्टी पसन्द है?"

उन्होंने कहा, "अपने लिए दोनों ही अच्छी हैं।"

मैंने पूछा, "फिर भी आप किसे वोट देंगे?"

उन्होंने कहा, "मैं तो वोट देने ही नहीं जाऊँगा। सभी तो वोट डालेंगे। मेरी क्या जरूरत है?"

मैंने कहा, "यानी आपके लिए कोई भी सरकार हो!"

उन्होंने कहा, "हाँ जी, सभी सरकारें एक-सी होती हैं।"

कितनी ही बातें उनकी याद आती हैं। कैसे आदमी थे!

वह आज सुबह मर गए। मरने के पहले उन्हें जरा देर होश आया। उन्होंने आँखें खोलकर चारों तरफ देखा और धीरे-से बोले, "सभी मरते हैं, जी!"

और मर गए।

सोच रहा हूँ, कैसा आदमी था। कभी प्रतिरोध नहीं। कभी तनकर खड़ा हुआ नहीं। चींटी से भी बचकर चला। कोई अस्वीकार नहीं किया। कोई विरोध नहीं। उसे कुछ भी असहनीय नहीं लगा।

एक ऐसा आदमी था, जिसके पास जलती मशाल ले जाओ तो वह बुझ जाए।

मैं सोच रहा था। एक पड़ोसी मित्र आ गए। वह भी मरहूम के बारे में सोच रहे थे।

कहने लगे, "भाई, क्या आदमी था! मैं तो सोचता हूँ, वह सन्त था।"

मैं कुछ नहीं बोला।

मित्र ने फिर पूछा, ''बताओ, क्या था वह?''

मैं बोला नहीं। सोच रहा था।

मित्र ने कहा, ''बोलो न, क्या था वह?''

इसी समय मेरे पाँव को किसी लिजलिजी चीज ने स्पर्श किया। मैंने जोर से पाँव झटकारा। केंचुआ दूर जा पड़ा।

मित्र ने पूछा, ''क्या था?''

मैंने जोर से कहा, ''केंचुआ था।''

विकलांग राजनीति

चुनाव के समय हर चीज का महत्त्व बढ़ जाता है। मेरी टाँग की भी कीमत बढ़ी। मुझे यह मुगालता है कि मेरी टाँग में फ्रेक्चर हो गया था, यह खबर सारे विश्व में फैल चुकी है। मुझे यह सुखद भ्रम नहीं होता तो मेरी टाँग इतनी जल्दी ठीक न होती। यश की खुशफहमी का प्लास्टर ऊपर से चढ़ा लिया था मैंने।

चुनाव-प्रचार जब गर्मी पर था, तब मैं सहारे से लँगड़ाकर चलने लगा था। मैं दुखी था कि टूटी टाँग के कारण मैं जनतंत्र को भावी रूप नहीं दे पा रहा हूँ।

पर एक दिन दो-तीन राजनीति के लोग मेरे पास आए। वे जनता पार्टी के थे। पहले उन्होंने बड़ी चिन्ता से मेरी तबीयत का हाल पूछा। मैंने बताया, तब उन्होंने कहा, "जरा चार कदम चलकर बतावेंगे।"

मैंने लँगड़ाते हुए चलकर बताया।

उन लोगों ने एक-दूसरे की तरफ देखा।

एक ने कहा, ''वेरी गुड। इतने से काम चल जाएगा।''

दूसरे ने कहा, ''लेकिन टाँग के बाहर कुछ चोट के निशान भी दिखने चाहिए।''

तीसरे ने कहा, ''कोई मुश्किल नहीं है। हम हलके से कुछ घाव बना देंगे। परसाईजी को तकलीफ भी नहीं होगी। ऊपर से पट्टी बाँध देंगे।''

मैंने कहा, ''आप लोगों की बात मेरी समझ में नहीं आ रही।''

उन्होंने कहा, ''हम आपसे एक प्रार्थना करने आए हैं। आप प्रबुद्ध आदमी हैं। आप जानते ही हैं कि यह ऐतिहासिक चुनाव है। तानाशाही और जनतंत्र में संघर्ष है। इस सरकार ने नागरिक अधिकार छीन लिये हैं। वाणी की स्वतंत्रता छीन ली है। हजारों नागरिकों को बेकसूर जेल में रखा। न्यायपालिका के अधिकार नष्ट किए। जनता पार्टी इस तानाशाही को खत्म करके जनतंत्र की पुनः स्थापना करने के लिए चुनाव लड़ रही है। इस पवित्र कार्य में आपका सहयोग चाहिए।''

मैंने पूछा, ''मैं कैसे सहयोग कर सकता हूँ?''

वे बोले, ''हमारा मतलब है, आपकी टाँग का सहयोग चाहिए।''

मैंने आश्चर्य से कहा, ''मेरी टाँग? अरे भाई, मैं हूँ तो मेरी टाँग है।''

उन्होंने कहा, ''नहीं, टाँग टूटने से उसका अलग व्यक्तित्व हो गया है। बल्कि टूटी टाँग ने राष्ट्रीय जीवन में आपको महत्त्वपूर्ण बना दिया है। हमें अनुमति दीजिए कि हम प्रचार कर दें कि कांग्रेसियों ने आपकी टाँग तोड़ दी। इससे सारे देश में कांग्रेस के विरुद्ध वातावरण बनेगा।''

मैंने जवाब दिया, ''मैं यह झूठा प्रचार नहीं करना चाहता।''

एक ने कहा, ''जरा सोचिए—देश के लिए, जनतंत्र के लिए।''

दूसरे ने कहा, ''मानव-अधिकारों के हेतु। मानव-गरिमा के लिए। आखिर आप समाज-चेता लेखक हैं।''

मैंने उनकी बात नहीं मानी। मुझे मेरी टाँग की चिन्ता थी। मैं किसी को शब्द से भी टाँग छूने देना नहीं चाहता था।

शाम को कांग्रेस के दो-तीन लोग आ गए। उन्होंने भी मेरी टाँग की चाँच की और कहा, ''इससे अपना काम बन जाएगा।''

मैंने पूछा, ''बात क्या है?''

उन्होंने कहा, ''आपको क्या समझाना! आप स्वयं प्रबुद्ध हैं। इस समय देश का भविष्य संकट में है। यदि जनता पार्टी जीत गई तो देश खंड-खंड हो जाएगा। विकास-कार्य रुक जावेंगे। जनता पार्टी में शामिल दल घोर दक्षिणपन्थी प्रतिक्रियावादी हैं। वे सार्वजनिक क्षेत्र को खत्म कर देंगे। वे इस देश को अमेरिका के पास गिरवी रख देंगे।''

मैंने पूछा, "तो मैं क्या करूँ ?"

उन्होंने कहा, "आपको कुछ नहीं करना है। करना हमें ही है। कांग्रेस खुद ही सब करती है। तीस सालों से, यहाँ तक कि हम हारते भी हैं तो दूसरे से नहीं— कांग्रेस ही कांग्रेस को हराती है। आप हमें इतनी छूट दे दें कि हम यह प्रचार कर सकें कि जनता पार्टी के लोगों ने आपकी टाँग तोड़ दी है। इससे जनता इस पार्टी के खिलाफ हो जाएगी।"

मैंने उनसे भी कहा, "मैं अपनी टाँग के बारे में यह झूठा प्रचार नहीं होने दूँगा।"

एक ने कहा, "इस देश के लिए।"

दूसरे ने कहा, "सशक्त केन्द्र के लिए।"

तीसरे ने कहा, "प्रगतिशील नीतियों के लिए।"

मैं राजी नहीं हुआ।

दूसरे दिन जनता पार्टी वाले फिर आ गए।

उन्होंने छूटते ही पूछा, "आखिर आपका 'रेट' क्या है ?"

मैंने क्रोध से कहा, "मैं क्या रंडी हूँ कि मेरा रेट होगा।"

उन्होंने कहा, "हमारा मतलब है कि अपनी टूटी टाँग के उपयोग के लिए आप क्या लेंगे ? पाँच सौ काफी होंगे ?"

मैंने उन्हें डाँटा। वे जाते-जाते कहते गए, "आपको हमसे असहयोग का फल भोगना पड़ेगा। आपको इस सरकार ने इलाज के लिए रुपए दिए थे। हमारी सरकार बनने पर हम इसकी जाँच करवाएँगे और सारा पैसा आपसे वसूल किया जाएगा।"

थोड़ी देर बाद कांग्रेसी फिर आ गए।

कहने लगे, "बड़े शर्म की बात है। आप प्रगतिशील बनते हैं मगर पाँच सौ रुपयों में अपने को प्रतिक्रियावादियों को बेच दिया। पैसा ही चाहिए तो हमसे हजार ले लीजिए। अभी हमारी सरकार ने आपको काफी रुपए इलाज के लिए दिए। मगर आप इतने अहसान-फरामोश हैं कि हमारे ही खिलाफ हो गए!"

मैंने कहा, "मैं नहीं बिका। मैंने जनता पार्टी की बात नहीं मानी। मैं आपकी बात भी नहीं मानूँगा। मेरी टाँग किसी का चुनावपोस्टर नहीं बन सकती।"

इतने में जनता पार्टीवाले फिर आ गए। उन्हें देख कांग्रेसी चिल्लाए, "आ गए आप लोग परसाईजी को पाँच सौ रुपए में खरीदने के लिए।"

जनतावालों ने कहा, "पाँच सौ ? इस दो कौड़ी के लेखक को हम पाँच सौ देंगे। तुम्हीं उसे हजार में खरीदने आए हो।"

कांग्रेसियों ने कहा, "अरे, हजार रुपए हम इस कूड़ा लेखक को देंगे।"

अब दोनों पार्टीवालों में लड़ाई शुरू हो गई।

पहले वे एक–दूसरे के 'साले' बने। इस रिश्ते के कायम होने से मुझे विश्वास हो गया कि देश में मिली–जुली स्थायी सरकार बन जावेगी।

फिर कुछ 'मादर' वगैरह हुआ। इससे लैंगिक नैतिकता में एक मानदंड स्थापित हुआ।

फिर मार–पीट हुई।

मैंने कहा, "आप दोनों का काम बिना पैसे खर्च किए हो गया। अब मेरी टाँग की जरूरत आपको नहीं है। आपके अपने सिर फूटे हैं और नाक में से खून बह रहा है। अब प्रचार कीजिए जनतंत्र के लिए, देश के लिए। मैं गवाह बनने को तैयार हूँ।"

अपनी-अपनी हैसियत

अखबार खत्म हो जाता है तो विज्ञापन पढ़ने लगता हूँ। यों अखबारों में होता भी क्या है? रोज-रोज वही-वही समाचार—उसने पैसा खाया था, उसकी पोल खुल गई, उसकी तलाशी हो गई, वह गिरफ्तार हो गया। मैं न तब उन केन्द्रों के इर्द-गिर्द था जहाँ पैसे खाए जाते थे और न अब उन केन्द्रों के इर्द-गिर्द हूँ जो पोल खोल रहे हैं। मैं वहाँ भी कहीं नहीं हूँ जहाँ पैसे खाने के नए अड्डे खुल गए हैं। यानी अपने जमाने के इतिहास के निर्माण में अपना कोई योगदान नहीं है। मेरे हिस्से में सिर्फ इतिहास की कसम खाने का काम पड़ा है। तो समाचारों पर सरसरी निगाह डालकर मैं विज्ञापन पढ़ने लगता हूँ—खासकर दिल्ली के होटलों के। इसमें बड़ा रस आता है। अशोक होटल में फ्रेंच पकवान। वाह! जनपथ होटल के गुलनार रेस्तराँ में मुगलाई भोजन। अकबर होटल में बार-ए-कबाब! पढ़ते-पढ़ते लगता है मेरे मुँह में

चिकन मुगलाई घुस गया है और—मैं इस स्वाद के साथ घर की दाल-रोटी खा लेता हूँ। वंचित की यही 'सम्पूर्ण क्रान्ति' होती है कि वह अपनी दाल-रोटी के साथ कल्पना के अशोक होटल चबाकर सन्तुष्ट और चुप हो जाए।

आज सब होटलों में जीम चुका तो एक खास विज्ञापन पर ध्यान दिया। ऐसा कोई विज्ञापन रोज ही छपता है पर पहले मैंने उस पर ध्यान नहीं दिया था। विज्ञापन में अक्सर किसी वृद्ध का चित्र होता है। मैं समझता था यह 'गुमशुदा की तलाश' का विज्ञापन होगा, जैसा उन लड़कों के बारे में छपता है जो फिल्मी हीरो बनने बम्बई भाग जाते हैं। बूढ़े भी घर से भागने लगे, मैं सोचता। लड़कों ने छपाया होगा—पिताजी, आप जहाँ भी हों लौट आइए। आप गए हैं तब से माँ की हालत बहुत खराब है। (इस वाक्य को पढ़कर तो बुढ़ऊ कभी नहीं लौटेंगे।)

नहीं! बुढ़ऊ भागे नहीं हैं। ऊपर बड़े अक्षरों में छपा है—इन मेमोरियम—याने स्मृति में! नीचे बुढ़ऊ के बेटों के नाम हैं। साथ ही कम्पनी का नाम-पता और फोन नम्बर है, जिससे वृद्ध की याद में किसी को रोना आ जाए तो वह फौरन कम्पनी से सामान खरीद ले। दुख दूर हो जाएगा।

ये कोई लालाजी थे। लाला ने कोई कम्पनी खोल डाली थी। अच्छा किया। लाला कोई बाल काटने की दुकान थोड़े ही खोलते। लालाजी की यह कम्पनी खूब चल निकली। यह भी शुभ हुआ, वरना बेटों को बाप की खर्चीली अखबारी याद का कोई कारण नहीं होता। इसी तारीख को लालाजी की मृत्यु हुई थी। यह भी अच्छा हुआ—क्या पता आगे कम्पनी डूब भी सकती थी। लालाजी की कम्पनी की बेटों ने खूब तरक्की की। सपूत ऐसे ही होते हैं। बेटे लालाजी को आज ऐलानिया याद कर रहे हैं। क्यों नहीं। ऐसा बाप ही तो याद करने लायक होता है जो कम्पनी जमाकर फौरन दुनिया छोड़ दे। लालाजी गए कहाँ? लड़कों को यह भी ठीक मालूम है। छपा है—हू लेफ्ट फार हिज हेवनली एबोड—याने जो अपने स्वर्गीय निवास को पधार गए। स्वर्ग में लालानगर कॉलोनी का बँगला नम्बर पाँच लालाजी के लिए पहले से रिजर्व होगा।

मेरे पिता की मृत्यु को भी कई साल हो गए। मुझे अभी तक पता नहीं कि वे कहाँ हैं? स्वर्ग में या नरक में? पुनर्जन्म हो गया या कहीं नहीं हैं? मुझे उनकी याद में उनका फोटो छपाने की भी प्रेरणा नहीं हुई, क्योंकि वे धन्धा जमाकर नहीं, उजाड़कर मृत्यु को प्राप्त हुए थे। उन्होंने सही पितापन स्थापित ही नहीं किया। लालाजी ने सही पितापन स्थापित करके यह असार संसार छोड़ा और सार-रूप धन्धा जमा गए। लालाजी स्वर्गीय हो गए और मेरे पिता सिर्फ मरे। अंग्रेजी में मरे को 'दी लेट' कह देते हैं। हम उसे 'स्वर्गीय' या 'दिवंगत' कहते हैं। विश्वासों और संस्कारों का छल भाषा में आ ही जाता है।

बेटों को क्या पक्का पता है? मुझे शक है। शायद लालाजी का पुनर्जन्म हो चुका है। मनुष्य जन्म दुबारा चौरासी लाख योनियों में भटकने के बाद मिलता है। लालाजी इतने जल्दी मनुष्य तो बने न होंगे। हो सकता है कि श्वान योनि में चले गए हों और अपने कारखाने के फाटक पर ही हों। बेटों को क्या पता कि वे जो कारखाने के फाटक पर भौंकते हैं, वे पूज्य पिताजी ही हैं। वे मजमून नहीं पढ़ेंगे और घबराहट में अखबार छिपा लेंगे कि कहीं कोई देवता इनाम के लोभ में उन्हें पकड़वा न दे।

ये बेटे लालाजी को क्यों दुखी और परेशान करते हैं।

इस अखबार को उस कारखाने के कर्मचारी भी देखेंगे। वे शायद कहें—यही है वह दुष्ट लाला। मजदूरों का खून चूसता था। कितनी कम तनखा देता था और कितना काम लेता था। मजदूर एक दिन बीमार पड़ जाए तो पैसा काट लेता था। अब रौरव नरक भोग रहा होगा।

व्यापारी भी इसे देखेंगे। वे शायद कहें—अरे, आज सबेरे किसका मुँह देख लिया! अरे, इस लाला ने जिसका पैसा लिया, वापस नहीं दिया। इसके नाम को कई लेनदार रो रहे हैं।

मेरी सलाह मानते तो मैं इन पिता-भक्तों से कहता—उमर-दराज पिताजी की फोटो इस तरह मत छपाया करो। लोग उनके बारे में बुरी-बुरी बातें कहते हैं। उनकी दबी हुई बदनामी उभर आती है।

पर लड़के मेरी बात नहीं मानते। पिता का फोटो छपाना उनके लिए सजावट और विज्ञापन है। जिस दिन लालाजी मरे उस दिन उनका फोटो छपाना लड़कों के लिए वैसा ही है जैसे दिवाली पर नया रंगीन साइन-बोर्ड बनवाना। वरना लालाजी को कौन जानता! किसे मतलब है कि उन्होंने कौन-सा पराक्रम किया! किसे इससे गरज है कि वे मरे कि नहीं और कब मरे! मगर लड़कों ने लालाजी की याद को राष्ट्रीय महत्त्व दे डाला।

पैसा ऊपर हो जाता है तो वह अपना रूप प्रकट करना चाहता है। वह अकुलाता है कि मैं हूँ और दिख नहीं रहा हूँ। मैं अपने को अभिव्यक्त करूँ। और पैसा इस तरह फूटकर प्रकट हो जाता है जैसे पके फोड़े का मवाद।

फूहड़पन के लिए भी हैसियत चाहिए। मेरी हैसियत नहीं है तो लालाजी के बेटों पर हँस रहा हूँ। पैसा और फूहड़पन दोनों आ जाएँ तो मैं गहरा रंग खरीदकर चेहरे को रँगवा लूँ—एक गाल पीला, दूसरा लाल, नाक हरी, कपाल नीला।

मेरे सामने एक पैसेवाले युवक की शादी का निमंत्रण-पत्र रखा है। कई रंगों का है। इतने गहरे रंग हैं कि पढ़ा नहीं जाता कि शादी के बारे में लिखा है या श्राद्ध के। वर की तस्वीरें भी हैं—बैठे हुए, सोचते हुए, लिखते हुए, सितार बजाते हुए। मुझे

मालूम है यह युवक लेन-देन के मामलों में एक बार पिट भी चुका है। एक फोटो इसका भी छपना था—वर जूते खाते हुए। इस निमंत्रण-पत्र को देखकर मतली आती है। फोड़ा पककर फूट गया है और मवाद बिखर रहा है।

कल इधर एक बरात आई थी। मजदूरों के सिर पर कई गैस-बत्तियाँ रखी थीं। दूल्हे के सजावट ऐसी कि वधू को उसे देखकर उलटी हो जाए। दो बैंड और इनके साथ ही लाउडस्पीकर। बड़ा घमासान कोलाहल। बरातियों को विभिन्न रंगों से पोत दिया होता तो अच्छा होता।

मेरी दीवार पर एक कैलेंडर टँगा था, जो मैंने निकलवा दिया। बड़े व्यापारी का कैलेंडर था। उसमें धन की देवी लक्ष्मी फूल पर बैठी हैं। फूल में सौन्दर्य होता है, गन्ध होती है, कोमलता होती है। मगर ये लक्ष्मी फूल को कुर्सी समझकर उस पर बैठी हैं। धन की देवी हैं न। जब इनका यह हाल है तो देवी के कृपापात्र फूहड़पन क्यों नहीं करेंगे! फिर भी मैं कहता हूँ—देवी, तू अपनी बैठक बदल दे। सिंहासन पर बैठ और हाथ में फूल ले ले। या फूल जूड़े में खोंस ले। फिर तू जिसे चाहे धन दे। मगर उसके साथ ही थोड़ी-सी सुरुचि एकाध किलोग्राम दे दिया कर। इससे इन्फेक्शन नहीं होगा और सम्पन्नता के फोड़े से बदबूदार मवाद नहीं बहेगा।

विकलांग श्रद्धा का दौर

अभी-अभी एक आदमी मेरे चरण छूकर गया है। मैं बड़ी तेजी से श्रद्धेय हो रहा हूँ, जैसे कोई चलतू औरत शादी के बाद बड़ी फुर्ती से पतिव्रता होने लगती है। यह हरकत मेरे साथ पिछले कुछ महीनों से हो रही है कि जब-तब कोई मेरे चरण छू लेता है। पहले ऐसा नहीं होता था। हाँ, एक बार हुआ था, पर वह मामला वहीं रफा-दफा हो गया। कई साल पहले एक साहित्यिक समारोह में मेरी ही उम्र के एक सज्जन ने सबके सामने मेरे चरण छू लिये। वैसे चरण छूना अश्लील कृत्य की तरह अकेले में ही किया जाता है। पर वह सज्जन सार्वजनिक रूप से कर बैठे, तो मैंने आसपास खड़े लोगों की तरफ गर्व से देखा—तिलचट्टो, देखो मैं श्रद्धेय हो गया। तुम घिसते रहो कलम।...पर तभी उस श्रद्धालु ने मेरा पानी उतार दिया। उसने कहा, "अपना तो नियम है कि गौ, ब्राह्मण, कन्या के चरण जरूर छूते हैं।" यानी उसने

मुझे बड़ा लेखक नहीं माना था। बम्हन माना था।

श्रद्धेय बनने की मेरी इच्छा तभी मर गई थी। फिर मैंने श्रद्धेयों की दुर्गति भी देखी। मेरा एक साथी पी-एच.डी. के लिए रिसर्च कर रहा था। डॉक्टरेट अध्ययन और ज्ञान से नहीं, आचार्य-कृपा से मिलती है। आचार्यों की कृपा से इतने 'डॉक्टर' हो गए हैं कि बच्चे खेल-खेल में पत्थर फेंकते हैं तो किसी डॉक्टर को लगता है। एक बार चौराहे पर यहाँ पथराव हो गया। पाँच घायल अस्पताल में भर्ती हुए और वे पाँचों हिन्दी के 'डॉक्टर' थे। नर्स अपने अस्पताल के डॉक्टर को पुकारती : 'डॉक्टर साहब', तो बोल पड़ते थे ये हिन्दी के डॉक्टर।

मैंने खुद कुछ लोगों के चरण छूने के बहाने उनकी टाँग खींची है। लँगोटी धोने के बहाने लँगोटी चुराई है। श्रद्धेय बनने की भयावहता मैं समझ गया था। वरना मैं समर्थ हूँ। अपने आपको कभी का श्रद्धेय बना लेता। मेरे ही शहर में कॉलेज के एक अध्यापक थे। उन्होंने अपने नेमप्लेट पर खुद ही 'आचार्य' लिखवा लिया था। मैं तभी समझ गया था कि इस फूहड़पन में महानता के लक्षण हैं। आचार्य बम्बईवासी हुए और वहाँ उन्होंने अपने को 'भगवान रजनीश' बना डाला। आजकल वह फूहड़ से शुरू करके मान्यता-प्राप्त भगवान हैं। मैं भी अगर नेमप्लेट में नाम के आगे 'पंडित' लिखवा लेता तो कभी का 'पंडितजी' कहलाने लगता।

सोचता हूँ, लोग मेरे चरण अब क्यों छूने लगे हैं? यह श्रद्धा एकाएक कैसे पैदा हो गई? पिछले महीनों में मैंने ऐसा क्या कर डाला? कोई खास लिखा नहीं है। कोई साधना नहीं की। समाज का कोई कल्याण भी नहीं किया। दाढ़ी नहीं बढ़ाई। भगवा भी नहीं पहना। बुजुर्गी भी कोई नहीं आई। लोग कहते हैं, ये वयोवृद्ध हैं। और चरण छू लेते हैं। वे अगर कमीने हुए तो उनके कमीनेपन की उम्र भी 60-70 साल की हुई। लोग वयोवृद्ध कमीनेपन के भी चरण छू लेते हैं। मेरा कमीनापन अभी श्रद्धा के लायक नहीं हुआ है। इस एक साल में मेरी एक ही तपस्या है—टाँग तोड़कर अस्पताल में पड़ा रहा हूँ। हड्डी जुड़ने के बाद भी दर्द के कारण टाँग फुर्ती से समेट नहीं सकता। लोग मेरी इस मजबूरी का नाजायज फायदा उठाकर झट मेरे चरण छू लेते हैं। फिर आराम के लिए मैं तख्त पर लेटा ही ज्यादा मिलता हूँ। तख्त ऐसा पवित्र आसन है कि उस पर लेटे दुरात्मा के भी चरण छूने की प्रेरणा होती है।

क्या मेरी टूटी टाँग में से दर्द की तरह श्रद्धा पैदा हो गई है? तो यह विकलांग श्रद्धा है। जानता हूँ, देश में जो मौसम चल रहा है, उसमें श्रद्धा की टाँग टूट चुकी है। तभी मुझे भी यह विकलांग श्रद्धा दी जा रही है। लोग सोचते होंगे—इसकी टाँग टूट गई है। यह असमर्थ हो गया। दयनीय है। आओ, इसे हम श्रद्धा दे दें।

हाँ, बीमारी में से श्रद्धा कभी-कभी निकलती है। साहित्य और समाज के एक सेवक से मिलने मैं एक मित्र के साथ गया था। जब वह उठे तब उस मित्र ने उनके

चरण छू लिये। बाहर आकर मैंने मित्र से कहा, "यार, तुम उनके चरण क्यों छूने लगे?" मित्र ने कहा, "तुम्हें पता नहीं है, उन्हें डायबिटीज हो गया है।" अब डायबटीज श्रद्धा पैदा करे, तो टूटी टाँग भी कर सकती है। इसमें कुछ अटपटा नहीं है। लोग बीमारी से कौन फायदे नहीं उठाते। मेरे एक मित्र बीमार पड़े थे। जैसे ही कोई स्त्री उन्हें देखने आती, वह सिर पकड़कर कराहने लगते। स्त्री पूछती, "क्या सिर में दर्द है?" वे कहते, "हाँ, सिर फटा पड़ता है।" स्त्री सहज ही उनका सिर दबा देती। उनकी पत्नी ने ताड़ लिया। कहने लगी, "क्यों जी, जब कोई स्त्री तुम्हें देखने आती है तभी तुम्हारा सिर क्यों दुखने लगता है?" उसने जवाब भी माकूल दिया। कहा, "तुम्हारे प्रति मेरी इतनी निष्ठा है कि परस्त्री को देखकर मेरा सिर दुखने लगता है। जान प्रीत-रस इतनेहु माहीं।"

श्रद्धा ग्रहण करने की भी एक विधि होती है। मुझसे सहज ढंग से अभी श्रद्धा ग्रहण नहीं होती। अटपटा जाता हूँ। अभी 'पार्ट टाइम' श्रद्धेय ही हूँ। कल दो आदमी आए। वे बात करके जब उठे तब एक ने मेरे चरण छूने को हाथ बढ़ाया। हम दोनों ही नौसिखुए। उसे चरण छूने का अभ्यास नहीं था, मुझे छुआने का। जैसा भी बना उसने चरण छू लिये। पर दूसरा आदमी दुविधा में था। वह तय नहीं कर पा रहा था कि मेरे चरण छुए या नहीं। मैं भिखारी की तरह उसे देख रहा था। वह थोड़ा-सा झुका। मेरी आशा उठी। पर वह फिर सीधा हो गया। मैं बुझ गया। उसने फिर जी कड़ा करके कोशिश की। थोड़ा झुका। मेरे पाँवों में फड़कन उठी। फिर वह असफल रहा। वह नमस्ते करके ही चला गया। उसने अपने साथी से कहा होगा—तुम भी यार, कैसे टुच्चों के चरण छूते हो। मेरे श्रद्धालु ने जवाब दिया होगा—काम निकालने को उल्लुओं से ऐसा ही किया जाता है। इधर मुझे दिन-भर ग्लानि रही। मैं हीनता से पीड़ित रहा। उसने मुझे श्रद्धा के लायक नहीं समझा। ग्लानि शाम को मिटी जब एक कवि ने मेरे चरण छुए। उस समय मेरे एक मित्र बैठे थे। चरण छूने के बाद उसने मित्र से कहा, "मैंने साहित्य में जो कुछ सीखा है, परसाईजी से।" मुझे मालूम है, वह कवि सम्मेलनों में हूट होता है। मेरी सीख का क्या यही नतीजा है? मुझे शर्म से अपने आपको जूता मार लेना था। पर मैं खुश था। उसने मेरे चरण छू लिये थे।

अभी कच्चा हूँ। पीछे पड़नेवाले तो पतिव्रता को भी छिनाल बना देते हैं। मेरे ये श्रद्धालु मुझे पक्का श्रद्धेय बनाने पर तुले हैं। पक्के सिद्ध-श्रद्धेय मैंने देखे हैं। सिद्ध मकरध्वज होते हैं। उनकी बनावट ही अलग होती है। चेहरा, आँखें खींचनेवाली। पाँव ऐसे कि बरबस आदमी झुक जाए। पूरे व्यक्तित्व पर 'श्रद्धेय' लिखा होता है। मुझे ये बड़े बौड़म लगते हैं। पर ये पक्के श्रद्धेय होते हैं। ऐसे एक के पास मैं अपने मित्र के साथ गया था। मित्र ने उनके चरण छुए जो उन्होंने विकट ठंड में भी श्रद्धालुओं की सुविधा के लिए चादर के बाहर निकाल रखे थे। मैंने उनके चरण नहीं

छुए। नमस्ते करके बैठ गया। अब एक चमत्कार हुआ। होना यह था कि उन्हें हीनता का बोध होता कि मैंने उन्हें श्रद्धा के योग्य नहीं समझा था। हुआ उलटा। उन्होंने मुझे देखा। और हीनता का बोध मुझे होने लगा—हाय, मैं इतना अधम हूँ कि अपने को इनके पवित्र चरणों को छूने के लायक नहीं समझता। सोचता हूँ, ऐसा बाध्य करनेवाला रोब मुझ ओछे श्रद्धेय में कब आएगा।

श्रद्धेय बन जाने की इस हलकी-सी इच्छा के साथ ही मेरा डर बरकरार है। श्रद्धेय बनने का मतलब है 'नॉन परसन'—'अव्यक्ति' हो जाना। श्रद्धेय वह होता है जो चीजों को हो जाने दे। किसी चीज का विरोध न करे—जबकि व्यक्ति की, चरित्र की पहचान ही यह है कि वह किन चीजों का विरोध करता है। मुझे लगता है, लोग मुझसे कह रहे हैं—तुम अब कोने में बैठो। तुम दयनीय हो। तुम्हारे लिए सब कुछ हो जाया करेगा। तुम कारण नहीं बनोगे। मक्खी भी हम उड़ाएँगे।

और फिर श्रद्धा का यह कोई दौर है देश में? जैसा वातावरण है, उसमें किसी को भी श्रद्धा रखने में संकोच होगा। श्रद्धा पुराने अखबार की तरह रद्दी में बिक रही है। विश्वास की फसल को तुषार मार गया। इतिहास में शायद कभी किसी जाति को इस तरह श्रद्धा और विश्वास से हीन नहीं किया गया होगा। जिस नेतृत्व पर श्रद्धा थी, उसे नंगा किया जा रहा है। जो नया नेतृत्व आया है, वह उतावली में अपने कपड़े खुद उतार रहा है। कुछ नेता तो अंडरवियर में ही हैं। कानून से विश्वास गया। अदालत से विश्वास छीन लिया गया। बुद्धिजीवियों की नस्ल पर ही शंका की जा रही है। डॉक्टरों को बीमारी पैदा करनेवाला सिद्ध किया जा रहा है। कहीं कोई श्रद्धा नहीं, विश्वास नहीं।

अपने श्रद्धालुओं से कहना चाहता हूँ—"यह चरण छूने का मौसम नहीं, लात मारने का मौसम है। मारो एक लात और क्रान्तिकारी बन जाओ।"

ईमानदारों के सम्मेलन में

मैं हलफिया कहता हूँ, मैं बिल्कुल बेकसूर हूँ। मैंने कतई ऐसा कुछ नहीं किया, जिससे ईमानदार माना जाऊँ। न जानं उन्हें कैसे यह भ्रम हो गया कि मैं ईमानदार हूँ। मुझे पत्र मिला, "हम लोग इस शहर में एक ईमानदार सम्मेलन कर रहे हैं। आप देश के प्रसिद्ध ईमानदार हैं। हमारी प्रार्थना है कि आप इस सम्मेलन का उद्घाटन करें। दो दिन ईमानदारी पर गोष्ठियाँ भी हैं। आप कृपा कर पहली गोष्ठी की अध्यक्षता करें तथा दूसरी गोष्ठियों की चर्चाओं में भाग लें। हम आपको आने-जाने का पहले दर्जे का किराया देंगे तथा आवास, भोजन आदि की उत्तम व्यवस्था करेंगे। आप जानते हैं, इस समय देश में बड़ी तेजी से सामाजिक परिवर्तन हो रहे हैं। इस समय देशवासियों में ईमानदारी की चेतना जगाना बहुत जरूरी है। इस दृष्टि से यह सम्मेलन राष्ट्रीय महत्त्व का होगा। आपके आगमन से ईमानदारों

तथा उदीयमान ईमानदारों को बड़ी प्रेरणा मिलेगी।''

जब ईमानदारी लद ही गई तो मैं गया। लेकिन फिर हलफिया कहता हूँ कि ईमानदारी के लिए नहीं गया। ईमान से मुझे कुछ लेना-देना नहीं है। मैं यह हिसाब लगाकर गया।

दूसरे दर्जे में जाऊँगा और पहले का किराया लूँगा। इस तरह एक सौ पचास रुपए बचेंगे। फिर चाय, नाश्ता, भोजन तीन दिन मुफ्त में होगा, यानी ये लगभग तीस रुपए हुए। इस तरह एक सौ अस्सी रुपए नकद कमाई होगी। यह बेईमानी कहलाएगी। पर उन लोगों ने मुझे राष्ट्रीय स्तर का ईमानदार माना ही क्यों? माना हुआ ईमानदार बेईमानी न करे, तो वह दो कौड़ी का ईमानदार हुआ।

स्टेशन पर मेरा खूब स्वागत हुआ। लगभग दस बड़ी फूल-मालाएँ पहनाई गईं। सोचा, आसपास कोई माली होता तो फूल-मालाएँ भी बेच लेता।

मुझे होटल के एक बड़े कमरे में ठहराया गया। उसमें तीन बिस्तर थे। मजबूत ताला वे आयोजक खुद ले आए थे। होटल के ताले का क्या भरोसा! और सम्मेलन था ईमानदारों का। सच्चा ईमानदार वह होता है, जो सबको बेईमान मानकर चले। मेरे कमरे के बाएँ और सामने दो हाल थे, जिनमें लगभग तीस-पैंतीस प्रतिनिधि ठहरे थे। मेरे दो ईमानदार साथी भी मेरे ही कमरे में आ गए। बिस्तर तीन थे ही। मैंने सोचा, ताला लगाया जाएगा तो इन्हें तकलीफ होगी। मैंने ताला नहीं लगाया।

सम्मेलन ईमानदारों का था, तो ताला क्यों लगाया जाए? मैंने देखा है, चोरों के सम्मेलन तक में ताला नहीं लगाया जाता। चोर अपने चोर बन्धु की चोरी नहीं करता।

उद्घाटन शानदार हुआ। मैंने लगभग एक घंटे तक ऐसा अच्छा भाषण किया कि मुझे अभी तक शर्म आ रही है।

लोग जा चुके थे। मैं था मुख्य अतिथि। मुझसे लोग बातें कर रहे थे। मैं चलने लगा, तो चप्पल पहनने गया। देखा, मेरी चप्पलें गायब थीं। नई और अच्छी चप्पलें थीं। अब वहाँ एक जोड़ी फटी-पुरानी चप्पलें बची थीं। मैंने उन्हें ही पहन लिया। यह बात फैल गई कि मेरी नई चप्पलें कोई पहन गया।

एक ईमानदार डेलीगेट मेरे कमरे में आए। कहने लगे, ''क्या आपकी चप्पलें कोई पहन गया?''

मैंने कहा, ''हाँ, इतने बड़े जलसे में चप्पलों की अदला-बदली हो ही जाती है।'' फिर मैंने ध्यान से देखा, उनके पाँवों में मेरी ही चप्पलें थीं। वह भी मेरी चप्पलें देख रहे थे। वे बहुत करके उनकी ही थीं।

पर वह बेहिचक मुझे समझाने लगे, ''देखिए, चप्पलें एक जगह नहीं उतारना

चाहिए। एक चप्पल यहाँ उतारिए, तो दूसरी दस फीट दूर। तब चप्पलें चोरी नहीं जातीं। एक ही जगह जोड़ी होगी, तो कोई भी पहन लेगा। मैंने ऐसा ही किया था।''

मैं देख रहा था कि वह मेरी चप्पलें पहने हैं और मुझे समझा रहे हैं।

मैंने कहा, ''कोई बात नहीं। सुबह दूसरी खरीद लूँगा। आपकी चप्पलें नहीं गईं, यह गनीमत है।''

फिर मैंने देखा कि एक बिस्तर की चादर गायब है। मैंने आयोजनकर्ताओं से कहा, तो उन्होंने जवाब दिया, ''होटलवाले ने धुलने को भेज दी होगी। दूसरी आ जाएगी।'' पर दूसरी आई नहीं।

दूसरे दिन गोष्ठियाँ शुरू हो गईं। विषय बड़े अच्छे थे : 1. ईमानदारी : ऐतिहासिक परिप्रेक्ष्य में, 2. धर्म और ईमान, 3. बेईमानी का सौन्दर्यशास्त्र, 4. ईमानदारी और आधुनिकता।

सबसे ऊँचे स्तर की चर्चा हुई बेईमानी के सौन्दर्यशास्त्र पर। श्रोताओं ने बड़ी तारीफ की कि ईमानदारों के सम्मेलन में बेईमानी के सौन्यर्दशास्त्र पर चर्चा बहुत जरूरी थी। यह एक उपलब्धि है।

रात को गोष्ठियों से लौटा। देखा कि दो और चादरें भी गायब हैं। तीनों चली गईं।

मेरे पास दो-तीन ईमानदार आए। कहने लगे, ''हमारे शहर में ईमानदार महासंघ की शाखा नहीं है। हम अपना किराया लगाकर आए हैं। यहाँ इन आयोजकों ने हमसे दस-दस रुपए लेकर हमें डेलीगेट बनाया है और हमारे अधिकार कुछ नहीं हैं।''

मैंने कहा, ''अधिकार क्यों नहीं हैं? तीन दिन रहने और खाने का अधिकार आपको है। फिर आपको चुनाव में भाग लेने का अधिकार है। जब इतनी दूर से आए हैं, तो कुछ बनकर जाइए—मंत्री, उपमंत्री या कम-से-कम कार्यकारिणी के सदस्य बनकर जाइए। सम्मेलन में आकर बिना कुछ बने नहीं लौटना चाहिए।''

दूसरे दिन बैठक में जाने केलिए धूप का चश्मा खोजने लगा, तो नहीं मिला। शाम को तो था।

मैंने एक-दो लोगों से कहा, तो बात फैल गई।

इसी समय बगल के कमरे से हल्ला हुआ, ''अरे, मेरा ब्रीफकेस कहाँ चला गया? यहीं तो रखा था।''

मैंने पूछा, ''उसमें पैसे तो नहीं थे?''

जवाब मिला, ''पैसे नहीं थे। कागजात थे।''

मैंने कहा, "तो मिल जाएगा।"

मैं बिना धूप का चश्मा लगाए बैठक में पहुँचा।

बैठक में पन्द्रह मिनट चाय की छुट्टी हुई। लोगों ने सहानुभूति प्रकट की। एक सज्जन आए। कहने लगे, "बड़ी चोरियाँ हो रही हैं। देखिए, आपका धूप का चश्मा ही चला गया।"

वह धूप का चश्मा लगाए थे। मुझे याद था, एक दिन पहले वह धूप का चश्मा नहीं लगाए थे। मैंने देखा, जो चश्मा वह लगाए थे, वह मेरा ही था—काले मोटे फ्रेम का। पर वह बेखटके मेरे सामने बैठे थे।

कहने लगे, "आपने चश्मा लगाया नहीं था?"

मैंने कहा, "रात को क्या चाँदनी में धूप का चश्मा लगाया जाता है? मैंने कमरे में टेबल पर रख दिया था।"

वह बोले, "कोई उठा ले गया होगा।"

मैं उन्हें देख रहा था और वह मेरा चश्मा लगाए इत्मीनान से बैठे थे। बेईमानी का सौन्दर्यशास्त्र वह ठीक से समझ गए थे।

खैर, आयोजकों ने मुझे एक चश्मा खरीद दिया।

तीसरे दिन रात को लौटा, तो कुछ हरारत थी। थोड़ी ठंड भी थी। मैंने सोचा, बिस्तर से कम्बल निकाल लूँ। पर कम्बल भी गायब था।

फिर हल्ला हुआ। स्वागत समिति के मंत्री आए। कई कार्यकर्ता आए। मंत्री कार्यकर्ताओं को डाँटने लगे, "तुम लोग क्या करते हो? तुम्हारी ड्यूटी यहाँ है। तुम्हारे रहते चोरियाँ हो रही हैं। यह ईमानदार सम्मेलन है। बाहर यह चोरी की बात फैली, तो कितनी बदनामी होगी?"

कार्यकर्ताओं ने कहा, "हम क्या करें? अगर सम्मानीय डेलीगेट यहाँ-वहाँ जाएँ, तो क्या हम उन्हें रोक सकते हैं?"

मंत्री ने गुस्से में कहा, "मैं पुलिस को बुलाकर यहाँ सबकी तलाशी करवाता हूँ।"

मैंने समझाया, "ऐसा हरगिज मत करिए। ईमानदारों के सम्मेलन में पुलिस ईमानदारों की तलाशी ले, यह बड़ी अशोभनीय बात होगी। फिर इतने बड़े सम्मेलन में थोड़ी गड़बड़ी होगी ही।"

एक कार्यकर्ता ने कहा, "तलाशी किनकी करवाएँगे। आधे के लगभग डेलीगेट तो किराया लेकर दोपहर को ही वापस चले गए।"

किसी ने कहा, "मुझे तो शक है उन पर, जो हमारे संगठन में नहीं हैं और यहाँ दस रुपए देकर डेलीगेट बन गए।"

संयोग से दस रुपएवाला एक डेलीगेट वहाँ बैठा था। वह गुस्से में लाल होकर बोला, "हमें क्या आप बेईमान समझते हैं? हम क्या यहाँ चोरी करने आए है? आप

लोगों ने क्यों अखबारों में विज्ञप्ति छपवाई कि हम आ सकते हैं और दस रुपए देकर डेलीगेट बन सकते हैं? हम हरगिज न आते। मेरी अपनी पानी की कुप्पी चुरा ली गई। मेरे साथी की जेब से पचास रुपए चुरा लिये गए। मुझे तो ऐसा लगता है कि आप लोगों ने सम्मेलन इसलिए बुलवाया कि डेलीगेटों की चोरी करा लें। तलाशी अपनी कराओ।''

बड़ी मुश्किल से मैंने उन्हें समझाया।

रात को पहनने के कपड़े सिरहाने दबाकर सोया। नई चप्पलें और शेविंग का डिब्बा बिस्तर के नीचे दबाया।

सुबह मुझे लौटना था। मुझे उन लोगों ने अच्छा पैसा दिया। मैंने सामान बाँधा।

मंत्री ने कहा, ''परसाईजी, गाड़ी आने में देर है। चलिए, स्वागत समिति के साथ अच्छे होटल में भोजन हो जाए। अब ताला लगा देते हैं।''

पर ताला भी गायब था। ताला तक चुरा लिया। गजब हो गया।

मैंने कहा, ''रिक्शा बुलवाइए। मैं सीधा स्टेशन जाऊँगा। यहाँ नहीं रुकूँगा।''

मंत्री हैरान थे। बोले, ''ऐसी भी क्या नाराजी है?''

मैंने कहा, ''नाराजी कतई नहीं है। बात यह है कि चीजें तो सब चुरा ली गईं। ताला तक चोरी चला गया। अब मैं बचा हूँ। अगर रुका तो मैं ही चुरा लिया जाऊँगा।''

दुर्घटना-रस

इरादा तो था कि अगले ओलम्पिक में हिस्सा लेने जाएँगे दौड़ में। मगर टाँग तोड़कर पहुँच गए अस्पताल के बिस्तर पर। दिल्ली स्टेशन पर साहित्य के युवाओं ने उतारा और स्ट्रेचर पर लेकर एम्बुलेंस तक चले तो मैंने कहा—लो, मुझसे बड़े लोग टापते रह गए और मैं नई पीढ़ी पर लद गया।

पिछले मांट्रियल ओलम्पिक में भारत का 'शानदार' शौर्य प्रदर्शित हुआ कि एक टीन का मेडल भी इस उदार हृदय देश ने किसी का नहीं छीना। कहा, दूसरे लोग मेडल ले जाओ। हमारा धर्म और संस्कृति त्याग के हैं। चिड़िया न फँसे तो हम कहते हैं कि हमने दयावश छोड़ दी। अक्षमता को त्याग बनाने की हममें सिफत है। और फिर, ब्रह्म ही सत्य है, जगत् मिथ्या है। ये सोने, चाँदी, काँसे के मेडल आखिर माया हैं, झूठ हैं। हमारा मेडल तो दूसरे लोक में रखा है। जाकर ले लेंगे।

पर मांट्रियल की उस चोट का दर्द अभी भी सबको अखर रहा है। जाँच हो रही है। सिंकाई भी हो रही है। मेरी टाँग के दर्द के लिए एक गुनी ने सुझाया कि गधे की लीद की सिंकाई कीजिए। मैं किसी अच्छे गधे की तलाश में हूँ, पर सच्चा गधा नहीं मिल रहा। दो पाँववाले मिल रहे हैं। ये गधे तो मुझे दुलत्ती मारते हैं। इनकी लीद से क्या सिंकाई करूँ। पर खेलकूद के मालिक तो एक-दूसरे की लीद से सिंकाई कर रहे हैं। खिलाड़ी मैनेज़र और 'कोच' को दोष दे रहे हैं। मैनेजर खिलाड़ियों का चुनाव करनेवालों को, चुनाव करनेवाले भारत सरकार की खेल नीति को। हमारी चारित्रिक विशेषता है कि हम दोष के तबादले के माहिर हैं।

रोनेवाले भी रो रहे हैं....हाय, साठ करोड़ का देश और एक टीम का मेडल भी नहीं। जैसे आबादी में से खिलाड़ी पैदा होते हों। वैज्ञानिक पैदा होते हों। पाँच करोड़ के देश में एक वैज्ञानिक पैदा हो तो साठ करोड़ के देश में बारह होने चाहिए। आबादी तो मुर्गी है न? यह देश कोई मुर्गीखाना है, जिसकी मुर्गियाँ अंडे देंगी जिनमें से खिलाड़ी निकलेंगे।

मैंने कहा—खैर, अब मुझे ही कुछ करना होगा। देश का गौरव मुझे ही बढ़ाना होगा। मैं निश्चिन्त था कि दूसरे लोग देश का गौरव बढ़ा लेंगे तो मैं देश का मुँह काला कर सकता हूँ। पर जब दूसरे देश का नाम डूबो रहे हैं तो मैं यह कहकर कूदना चाहता था कि खैर, मैं तो हूँ। वैसे देश का भाग्य-विधायक बन जाने का मैंने पहले भी सोचा था, पर मैं डर गया। गांधीज़ी, लुमुम्बा, अनवर बेन बेला, सुकर्ण, मुजीब, इनका क्या कर दिया गया! भाई, अपने को डर लगता है। जो मुक्ति दिलाए, वही मार डाल जाए या जेल में डाला जाए। मैंने मसीहा बनने का इरादा भी डर के मारे छोड़ दिया, वरना मैं ईसा हो सकता था। सूली बर्दाश्त कर लेता। कितने लेखक हैं, जो घोषणा कर रहे हैं कि हम अभिशप्त हैं, हम अपनी सूली लादे घूम रहे हैं। इन बेचारों को कोई सूली पर टाँग क्यों नहीं देता। मेरे साथ दूसरी मुश्किल है। मैं ईसा की तरह सूली पर से यह नहीं कहता—पिता, उन्हें क्षमा कर। वे नहीं जानते वे क्या कर रहे हैं। मैं कहता—पिता, इन्हें हरगिज क्षमा न करना। ये कम्बख्त जानते हैं कि ये क्या कर रहे हैं।

मैं भाग्य-विधाता नहीं बन सका। डर के कारण बहुत लोग बड़ा आदमी होने से बाल-बाल बच जाते हैं। कुछ मुगालते में भी जिन्दगी काट देते हैं। भ्रमहीन जिन्दगी बोझ होती है। वे कितने सुखी हैं, जो अपने कचरा लेखन को महान साहित्य मान लेते हैं। और एक मैं दुखी हूँ कि लिखता हूँ और उस पर रोता हूँ।

बहरहाल, ओलम्पिक में देश का नाम ऊँचा करने का एक मौका चूक गया। मेरी टाँग में फ्रेक्चर हो गया। हड्डी बहुत लोगों की टूटती है। पर मेरा फ्रेक्चर भी श्रेष्ठ ही हुआ। कहा जाता है कि मेरा व्यंग्य-लेखन श्रेष्ठ है। मेरी बदनामियाँ भी श्रेष्ठ

हैं। और नेकनामियाँ भी। कद श्रेष्ठ, नाक-नक्श श्रेष्ठ। जाति श्रेष्ठ—ब्राह्मण कुल में जन्मा हूँ। हिमालय की ऊँचाई तक उदार और पाताल जैसी गहराई तक नीच—मूर्ख—जैसा वीर और मनीषी जैसा कायर हूँ। बहादुरी और बेवकूफी में बहुत कम फर्क होता है। डॉक्टरों ने कहा—यह सबसे खराब फ्रेक्चर है, 'नेक हेमर'। मैं खुश था कि श्रेष्ठता बनी रही। कोई टुच्चा फ्रेक्चर नहीं हुआ है। अपना सब कुछ 'सुपरलेटिव' में होता है।

लेखक का अस्पताल में भर्ती होना एक दिलचस्प घटना होती है। टाँग टूटना तो और भी दिलचस्प। सच कम, झूठी अधिक चिन्ताएँ बोलने लगती हैं—हाय, साहित्य का अब क्या होगा! यह चिन्ता दसवें दर्जे के लेखकों को अधिक होती है। वे प्रार्थना और चन्दे की अपीलें करने लगते हैं। हमारे यहाँ लेखक को गरीब तब मानते हैं जब वह बीमार हो। इसके पहले भूखा मरता हो तब भी उसे गरीब नहीं मानते। साहित्य का क्या होगा? अच्छा ही होगा। चींटियाँ साहित्य का तम्बू तानेंगी। यों ही मेरी टाँग टूटने से, सुना है, कुछ की टाँगें जुड़ गईं। उनकी साहित्य की टूटी टाँग पर मेरे फ्रेक्चर की खबर का प्लास्टर चढ़ गया। हीनता के रोग में किसी के अहित का इंजेक्शन बड़ा कारगर होता है। अस्पताल के बिस्तर पर भी ऐसी खबरें मुझे मिलती थीं और मैं मजा लेता था। उन पर गुस्सा क्या करूँ? उनके पास बिगड़ने को कुछ है ही नहीं तो बिगाड़ूँ क्या? भिखमंगे को धमकी देना कि तेरा धन लूट लूँगा, एक बेवकूफी ही है। यह बेवकूफी मैंने नहीं की।

रही चन्दे की बात। तो यह भी शान्त हो गई, इस खबर से कि शासन इलाज का सब खर्च उठा रहा है। इस खबर से, सहानुभूति रखनेवाले बेझिझक आने लगे। उन्हें डर नहीं रहा। लेखक के प्रति क्या कर्तव्य बचा? सिवा फल ले जाने के और यह पूछने के कि अब तबीयत कैसी है। पूछा जाता—तबीयत कैसी है? मैंने कहा—मैं बीमार नहीं हूँ। न बुखार, न निमोनिया, न तपेदिक, न दिल का दौरा। हड्डी टूटना कोई बीमारी नहीं है। तबीयत के क्या हाल बताऊँ? दूसरी मुसीबत यह सवाल पैदा करता था—यह फ्रेक्चर कैसे हो गया? कैंसर हो तो जवाब भी दे सकते हैं कि ब्रश कर रहा था कि एकदम कैंसर हो गया। पर हड्डी टूटने से लोगों की बड़ी उम्मीदें होती हैं। मोटरसाइकिल पलट गई होगी, रिक्शे से ट्रक टकराया होगा, ऊपर से गिरा होगा, कारें भिड़ गई होंगी। ये ऊँचे किस्म के फ्रेक्चर होते हैं। मैं कहता, कुछ नहीं। पाँव फिसल गया। गिर गए तो हड्डी टूट गई। और पूछनेवाला सोचता—टुच्चा आदमी है। टुच्चा ही फ्रेक्चर हुआ। अरे, कोई दुर्घटना होती, तो एक स्तर का फ्रेक्चर होता, जैसे दुर्घटना से किसी-किसी का लेखन स्तर का हो जाता है। मगर इसका भी क्या टुच्चा फ्रेक्चर है! पाँव फिसलने से ही हो गया। हम तो राष्ट्रीय स्तर के कवि-सम्मेलन की उम्मीद से आए थे, पर यहाँ तो मुहल्ले की वर्षा-गोष्ठी है जिसमें

तुक्कड़ गा रहा है—आई वर्षा, आई वर्षा, देखो मयूर का मन हर्षा। कवि ने मयूर नहीं देखा। उसे क्या पता कि मयूर बादल देखकर खूब रोता है। नाचने से उसकी टाँग में फ्रेक्चर हो गया था। काना लड़का हो, है तो अपना ही। टुच्चा फ्रेक्चर हो, पर अपनी ही टाँग का है। कभी हीनता भी आती, जब प्रतिष्ठित फ्रेक्चरवालों के वार्ड में देखता। किसी को ऐसा बाँधा है कि वह हेलीकॉप्टर लगता है! कोई भरत-नाट्यम की मुद्रा में है—और मैं स्वाभाविक ढंग से बिस्तर पर पड़ा हूँ। हाँ, एक बात प्रतिष्ठा की हुई। मुझे एक पत्र मिला। लिखा था—तुमने जिन्दा भगवानों के खिलाफ लिखा था। देख लिया। सत्य साईं बाबा ने टाँग तोड़ दी। सचमुच लगता है 'रिमोट कंट्रोल' से मेरी हड्डी तोड़ी गई है, तो फ्रेक्चर उतना टुच्चा भी नहीं है।

हड्डी टूटने में एक बड़ी असुविधा है। दिखाने को कुछ नहीं होता। हड्डी भीतर टूटी है। ऊपर से सब ठीक-ठाक है। टूटी हड्डी दिखा सकते नहीं। एक स्टेज के बाद दर्द भी बन्द हो जाता है। मिजाजपुर्सी करनेवालों के सामने कराह भी नहीं सकते। जो दिखाया न जा सके, वह घाव बेकार चला जाता है। जिस दर्द को भुना न सके, वह खोटा सिक्का है। 20-25 साल लिखते और तरह-तरह के सामाजिक काम करते हो गए। अस्पताल में भर्ती कई को कराया। पर मैं पहली बार अस्पताल में भर्ती हुआ हूँ। बड़ी घटना है। हलचल मचनी थी। कुछ धन मिलना था। पर सरकार ने मदद की घोषणा करके मेरा सारा बाजार ही चौपट कर दिया। मैं तो बात को दबा जाता और पैसे बटोर लेता। पर सरकार ने रेडियो और अखबारों में कुछ इस तरह खबर प्रसारित कर दी—सुन लो लोगो, सरकार ने इस परसाई को पैसे दे दिए हैं। और चाहिए तो और दे देंगे। अब तुम लोग उसके चक्कर में मत पड़ना। उसे हरगिज एक पैसा भी मत देना। नतीजा घातक हुआ। किसी ने मदद की बात ही नहीं की। हाँ, अखबारों में समाचार और फोटो जरूर छपे। थोड़ा सन्तोष हुआ, पर कसर रह गई, मेरे नाम के आगे लगाने को लोगों को विशेषण ही नहीं मिले। मुझसे पूछ लेते तो मैं ही बता देता।

बात मैंने कहाँ से शुरू की थी। देश का गौरव बढ़ाने की, देश का भाग्य-विधाता बनने की, मसीहा बनने की। मगर आ गए लौटकर अपने ओछेपन पर। टाँग, टाँग, टाँग। और पैसा, पैसा, पैसा। सारा दर्शन टाँग में समा गया। ऊँचे खयालात में 'इन्फेक्शन' हो गया। उनमें मवाद निकलने लगा। मसीहा पैसे पर बिक गया। मेरे देशवासियो, अगले ओलम्पिक के लिए मुझ पर भरोसा मत करो। कोई दूसरा लँगड़ा तलाशो।

सचमुच टाँग टूटना बड़ी बुरी बात है। सिर का फ्रेक्चर उतना बुरा नहीं। टाँग ठीक हो और सिर याने दिमाग का फ्रेक्चर हो गया हो, तो भी गति रहती है—हालाँकि वह दिशाहीन गति होती है। लेकिन आदमी ही नहीं, महादेश तक हैं जो दिशाहीन गतिवाले हैं। कहाँ जा रहे हैं वे ? पता नहीं। बस चल रहे हैं। एक महाशक्ति है। वह

भी दिशाहीन गति के फेर में रहती है। चल रहे हैं, चल रहे हैं। टाँग ठीक है, पर दिमाग में फ्रेक्चर है। चलते-चलते पाया कि वियतनाम के दलदल में फँस गए हैं। निकलने की मुश्किल पड़ रही है।

टाँग तोड़कर अस्पताल के बिस्तर पर पड़े हुए अन्तर्राष्ट्रीय राजनीति की बात करना भी बड़ी बेशर्मी है। टाँग पर ही लौटता हूँ। दर्द तो है, चिन्ताएँ भी हैं। असहाय स्थिति में पड़े हैं। धीरज धर्म मित्र अरु नारी, आपतकाल परखिए चारी। आपत्काल याने 'इमरजेंसी'। मेरा इमरजेंसी का दौर चल रहा है। धीरज मजबूरी है। धीरज की ही एकमात्र पूँजी है। धर्म? धर्म का मतलब ही अभी तक समझ में नहीं आया। नारी अपनी तो है नहीं, पर नारी कोई कभी-कभी हाल देखने आ जाती थी। मित्रों की सचमुच परीक्षा है। सुबह से ही लौ लग जाती है कि कोई आएगा। जब कोई आता तो कैसा लगता है? ऐसा जैसे उस सुरसा को लगा था। हनुमान वायु-मार्ग से लंका जा रहे थे। समुद्र में सुरसा राक्षसी ने उन्हें देखा। खूब पुष्ट बड़ा-सा जीवधारी। दो टन का तो होगा। सुरसा ने खुश होकर कहा—आजु सुरन्ह मोहि दीन्ह अहारा। आज देवताओं ने मुझे आहार दिया। मिलने आनेवाले को देखते ही कह उठता—आजु सुरन्ह मोहि दीन्ह अहारा। ये बैठें दो-तीन घंटे और मैं इनका भोजन करूँ।

कभी घोर निराशा में डूब जाते। इधर पास ही तो गालिब अकादमी है। गालिब याद आते। एक आलिम फाजिल दोस्त मिलने आए। पूछा—क्या हाल है। मैंने कहा—हाल क्या बताएँ? यही है—

जिन्दगी अपनी जब इस तौर से गुजरी गालिब,
हम भी क्या याद करेंगे कि खुदा रखते थे।

और व्यंग्य? हाँ, व्यंग्य बरबस उठता था। मेरे डॉक्टर ने ही कहा—आप लिखवाइए। इससे आपका मन अच्छा रहेगा। अस्पताल के अनुभव ही लिखा डालिए। मैंने कहा—डॉक्टर साहब, उसमें अस्पताल की कुछ आलोचना हो गई तो ठीक नहीं होगा। डॉक्टर ने कहा—आलोचना होने दीजिए। उससे अस्पताल में सुधार होगा। मैंने जवाब दिया—मैं चाहता हूँ कि सुधार मेरे अस्पताल छोड़ने के बाद हो।

पवित्रता का दौरा

सुबह की डाक से चिट्ठी मिली, उसने मुझे इस अहंकार में दिन-भर उड़ाया कि मैं पवित्र आदमी हूँ क्योंकि साहित्य का काम एक पवित्र काम है। दिन-भर मैंने हर मिलनेवाले को तुच्छ समझा। मैं हर आदमी को अपवित्र मानकर उससे अपने को बचाता रहा। पवित्रता ऐसी कायर चीज है कि सबसे डरती है और सबसे अपनी रक्षा के लिए सचेत रहती है। अपने पवित्र होने का अहसास आदमी को ऐसा मदमाता बनाता है कि वह उठे हुए साँड़ की तरह लोगों को सींग मारता है, ठेले उलटाता है, बच्चों को रगेदता है। पवित्रता की भावना से भरा लेखक उस मोर जैसा होता है जिसके पाँव में घुँघरू बाँध दिए गए हों। वह इत्र की ऐसी शीशी है जो गन्दी नाली के किनारे की दुकान पर रखी है। यह इत्र गन्दगी के डर से शीशी में ही बन्द रहता है।

वह चिट्ठी साहित्य की एक मशहूर संस्था के सचिव की तरफ से थी। मैं उस संस्था का, जिसका लाखों का कारोबार है, सदस्य बना लिया गया हूँ। स्थायी समिति का सदस्य हूँ। यह संस्था हम लोगों को बैठकों में शामिल होने का खर्च नहीं देती, क्योंकि पैसा साहित्य के पवित्र काम में लगे हुए पवित्र पदाधिकारियों के हड़पने में ही खर्च हो जाता है। सचिव ने लिखा है कि साहित्य भवन के सामने एक सिनेमा बनने की मंजूरी मिल रही है। सिनेमा बनने से साहित्य भवन की पवित्रता, सौम्यता और शान्ति भंग होगी। वातावरण दूषित होगा। हम मुख्यमंत्री को सिनेमा निर्माण न होने देने के लिए ज्ञापन दे रहे हैं। आप भी इस पर दस्तखत कर दीजिए।

इस चिट्ठी से मुझे बोध हुआ कि साहित्य पवित्र है, हम साहित्यकार पवित्र हैं और साहित्य की यह संस्था पवित्र है। मेरे दुष्ट मन ने एक शंका भी उठाई कि हो सकता है किसी ऐसे पैसेवाले ने, जिसे उस जगह दुकान खोलनी है, हमारे पवित्र साहित्य के पवित्र सचिव को पैसा खिला दिया हो कि सिनेमा न बनने दो। पर मैंने इस दुष्ट शंका को दबा दिया। नहीं-नहीं, साहित्य की संस्था पवित्र है, सिनेमा अपवित्र है। हमें अपवित्रता से अपना पल्ला बचा लेना चाहिए।

शाम की डाक से संस्था के विपक्षी गुट के नेता की चिट्ठी आई, जिसमें संस्था में किए जा रहे भ्रष्टाचार का ब्योरा दिया गया था।

इस पत्र ने मुझे झकझोरा। अपनी पवित्रता पर मुझे शंका हुई। साहित्य के काम की पवित्रता पर शंका हुई। साहित्य की संस्था की पवित्रता की मेरी उठान शान्त हुई और मैं नॉर्मल हो गया।

इतने साल साहित्य के क्षेत्र में हो गए। मैं कई बार पवित्र होने की दुर्घटना में फँसा, पर हर बार बच गया। मुझे लिखते जब कुछ ही समय हुआ था, तभी बुजुर्ग साहित्यकार मुझसे कहते थे—आपने साहित्य-रचना का कार्य अपने हाथ में लिया है। माता वीणा-पाणि के मन्दिर की पवित्रता बनाए रखिए। मैं थोड़ा फूलता था। सोचता था, सिगरेट पीना छोड़ दूँ क्योंकि इस धुएँ से देवी के मन्दिर के धूप की सुगन्ध दबती होगी। पर मैं उबर आया। वे बुजुर्ग कहते—माँ भारती ने आपके सामने अंचल फैलाया है। उसे मणियों से भर दीजिए। (वैसे कवि 'अंचल' उस दिन कह रहे थे कि हम तो अब 'रजाई' हो गए)। जी हाँ, माँ भारती के अंचल में आप कचरा डालते जाएँ और उसी में मैं मणि छोड़ता जाऊँ। ये पवित्र लोग और पवित्र ही लिखनेवाले लोग बड़े दिलचस्प होते हैं। एक मुझसे बार-बार कहते—आप अब कुछ शाश्वत साहित्य लिखिए। मैं तो शाश्वत साहित्य ही लिखता हूँ। वे सट्टे का फिगर रोज नया लगाते थे, मगर साहित्य शाश्वत लिखते थे। वे मुझे वाल्मीकि की तरह दीमकों के बमीठे में दबे हुए लगते थे। शाश्वत साहित्य लिखने का संकल्प लेकर बैठनेवाले मैंने तुरन्त मरते देखे हैं। एक शाश्वत साहित्य लिखनेवाले ने कई साल पहले मुझसे कहा था—

अरे, आप स्कूल में मास्टर होकर भी इतना अच्छा लिखते हैं। मैं तो सोचता था, आप प्रोफेसर होंगे। उन्होंने स्कूल-मास्टर लेखक की हमेशा उपेक्षा की। वे खुद प्रोफेसर रहे। पर आगे उनकी यह दुर्गति हुई कि उन्हें कोर्स में लगी मेरी ही रचनाएँ कक्षा में पढ़ानी पड़ीं। उनका शाश्वत साहित्य कोर्स में नहीं लगा।

सोचता हूँ, हम कहाँ के पवित्र हैं! हममें से अधिकांश ने अपनी लेखनी को रंडी बना दिया है, जो पैसे के लिए किसी के भी साथ सो जाती है। सत्ता इस लेखनी से बलात्कार कर लेती है और हम रिपोर्ट तक नहीं करते। कितने नीचों की तारीफ मैंने नहीं लिखी। कितने मिथ्या का प्रचार मैंने नहीं किया। अखबारों के मालिकों का रुख देखकर मेरे सत्य ने रूप बदले हैं। मुझसे सिनेमा के चाहे जैसे डॉयलाग कोई लिखा ले। मैं इसी कलम से बलात्कार की प्रशंसा में भी फिल्मी गीत लिख सकता हूँ और भगवद् भजन भी लिख सकता हूँ। मुझसे आज पैसे देकर मजदूर-विरोधी अखबार का सम्पादन करा लो और कल मैं उससे ज्यादा पैसे लेकर ट्रेड यूनियन के अखबार का सम्पादन कर दूँ। इसी कलम से तो मैंने पहले 'इन्दिरा गांधी जिन्दाबाद' लिखा था, फिर 'इन्दिरा गांधी मुर्दाबाद' लिखा, और अब फिर 'इन्दिरा भारत है' लिख रहा हूँ।

क्या हमारी पवित्रता है? साहित्य भवन की पवित्रता को सिनेमा भवन क्या नष्ट कर देगा? पर होता तो है पवित्रता, शराफत, चरित्र का एक गुमान। इधर ही एक मुहल्ले में सिनेमा बननेवाला था, तो शरीफों ने बड़ा हल्ला मचाया—यह शरीफों का मुहल्ला है। यहाँ शरीफ स्त्रियाँ रहती हैं और यहाँ सिनेमा बन रहा है। गोया सिनेमा गुंडों के मुहल्ले में बनना चाहिए, ताकि इनके घरों की शरीफ औरतें सिनेमा देखने गुंडों के बीच जाएँ। मुहल्ले में एक आदमी रहता है। उससे मिलने एक स्त्री आती है। एक सज्जन कहने लगे—यह शरीफों का मुहल्ला है। यहाँ यह सब नहीं होना चाहिए। देखिए, फलाँ के पास एक स्त्री आती है। मैंने कहा—साहब, शरीफों का मुहल्ला है, तभी तो वह स्त्री अपने पुरुष मित्र से मिलने बेखटके आती है। वह क्या गुंडों के मुहल्ले में उससे मिलने जाती?

पवित्रता का यह हाल है कि जब किसी मन्दिर के पास से शराब की दुकान हटाने की माँग लोग करते हैं, तब पुजारी बहुत दुखी होता है। उसे लेने के लिए दूर जाना पड़ेगा। यहाँ तो ठेकेदार भक्ति-भाव में कभी-कभी मुफ्त भी पिला देता था।

मैं शामवाले पत्र से हलका हो गया। पवित्रता का मेरा नशा उतर गया। मैंने सोचा, साहित्य भवन के सचिव को लिखूँ—मुझे दूसरे पक्ष का पत्र भी मिल गया है, जिसमें बताया गया है कि अपनी संस्था में कितना भ्रष्टाचार है। अब तो सिनेमा-मालिक को ही माँग करनी चाहिए कि यह साहित्य की संस्था यहाँ से हटाई जाए, जिससे हमारे दर्शकों की नैतिकता पर बुरा असर न पड़े। इसमें बड़ा भ्रष्टाचार है।

जिन्दगी और मौत का दस्तावेज

[वसीयतनामा फरमाइशी]

मेरे दुश्मनो, खुश होने में जल्दी मत करना। अभी वह शुभ क्षण नहीं आया कि मैं मरूँ। मैं जानता हूँ कि तुम एक अरसे से मेरी मृत्यु का शुभ समाचार सुनने को लालायित हो, पर फिलहाल मैं तुम्हें निराश कर रहा हूँ। इन्तजार करो। किसी दिन सचमुच मरकर तुम पर मेहरबानी करूँगा। दयालु आदमी हूँ। कोशिश करूँगा कि जितनी जल्दी हो सके, तुम्हारी मनोकामना पूरी करूँ। तुम धीरज से प्रार्थना किए जाओ।

और मेरे दोस्तो, रोने की जल्दी मत करो। अभी मेहनत से रोने की तैयारी करो। जब मैं सचमुच प्राण-त्याग करूँगा, तब इस बात की आशंका है कि झूठे रोनेवाले सच्चे रोनेवालों से बाजी मार ले जाएँगे। तुम अभी से प्रभावकारी ढंग से रोने का

अभ्यास करो। एक योजना बनाकर रोने का रिहर्सल करो। जब तुम कह दोगे कि तैयारी पूरी है, तब मैं फौरन मर जाऊँगा।

अभी तो यारो, दुनिया छोड़ने का अपना कतई इरादा नहीं। और फिर कबीर ने कहा है—जग मरिहै, हम न मरब।

तो फिर मैं यों ही ख्वाहमख्वाह क्यों मर रहा हूँ। असल में मैं जीने के लिए मर रहा हूँ। सम्पादक चाहते हैं कि मैं मरूँ, तो मर रहा हूँ। मेरे इस बयान के पत्रिका मुझे पैसे देगी। उन पैसों से कुछ समय जिन्दा रहूँगा। सम्पादकों की बात मैंने कभी नहीं टाली। वे कहें कि रो दो, तो मैं रो पड़ूँगा। वे कहें कि नंगे हो जाओ, तो नंगा हो जाऊँगा। साहित्य में नंगेपन का पेमेंट अच्छा होता है।

सम्पादकों ने कभी कहा था—इमरजेंसी है तो डरो। मैं डरा। फिर कहा—इमरजेंसी की तारीफ में लिखो। मैंने लिखा। ईमान से लिखा। इमरजेंसी उठी तो कहा—इमरजेंसी के खिलाफ लिखो। मैंने इमरजेंसी के खिलाफ भी लिखा। ईमान से लिखा। साथ ही घोषणा भी की कि मैं एकमात्र बहादुर बुद्धिजीवी हूँ। बाकी सब कायर हैं। शेर कोई दूसरा मारे, उसकी दुम मैं काट लेता हूँ। यानी मैं प्रतिनिधि बुद्धिजीवी हूँ। बुद्धिजीवी वह होता है जो किसी सत्ता या दाता के हरम की रक्षा करे। राजाओं-नवाबों के हरम की रक्षा करनेवाले पौरुषहीन खोजा होते थे। तभी वे ठीक रक्षा करते थे। पर जब उनकी ड्यूटी खत्म होती थी, तब वे तलवार घुमाकर बताते थे कि मैं वीर हूँ। मैंने भी सत्ता और दाता के दो हरमों की तब रक्षा की थी। और अब दूसरी सत्ता और दाता के हरमों की रक्षा कर रहा हूँ। फुरसत में तलवार घुमाकर बहादुर बन जाता हूँ। मैं प्रतिनिधि बुद्धिजीवी हूँ।

तो मर रहा हूँ। शगल के लिए ही सही। कुछ रूमानी होने को जी चाहता है।

मगर हटाओ, नहीं होते रूमानी। गाड़ियाँ लेट चल रही हैं—खाक हो जाएँगे हम उनको खबर होने तक। तो क्या करूँ! राम का नाम लूँ? ईश्वर को याद करूँ? मैं निरीश्वरवादी रहा। आखिरी वक्त क्या खाक मुसलमाँ होंगे। पर मुझे डर लगता है कि कहीं सचमुच कोई ईश्वर हुआ तो मेरी बड़ी दुर्गति करेगा। पर मुझमें साहस नहीं है। वाल्तेयर में था। उसने जीवन-भर ईयाइयत के पाखंड पर हमला किया। मर रहा था तो पादरी आए। वाल्तेयर ने पूछा—क्यों आए? पादरी बोले—तुम्हारी आत्मा की शान्ति के लिए। वाल्तेयर ने कहा—पर तुम्हें किसने भेजा? पादरी बोले—ईश्वर ने! वाल्तेयर ने उस हालत में भी कहा—अच्छा, तो ईश्वर का पत्र दिखाओ।

नहीं, ऐसा अपने से नहीं बनेगा। न कबीर सरीखा बनेगा कि रहे काशी में और मरने गए मगहर, जहाँ मरने से नरक मिलता है। मैं तो कहता हूँ—ईश्वर, अगर तू नहीं है तो कोई बात नहीं। पर अगर तू है तो हे मालिक, माई-बाप, मुझे माफ करना। मैं तुझे नहीं पहचानता था। मेरी कमजोरी है। मैं अपने एरिया के थानेदार को

भी नहीं पहचानता था। पर ईश्वर होता भी तो क्या होता? कष्ट भोगते-भोगते तो जिन्दगी कटी।

जिन्दगी अपनी जब इस तौर से गुजरी गालिब,
हम भी क्या याद करेंगे कि खुदा रखते थे।

घड़ी रखता था, पेन रखता था, चश्मा रखता था। बस खुदा ही नहीं रखता था, क्योंकि उसे रखने की जगह मेरे पास नहीं थी। मसजिद का खुदा तो 'पब्लिक सेक्टर' का होता है। प्राइवेट खुदा दिल की तिजोरी में रखा जाता है। मगर और चीजों के कारण दिल में जगह नहीं बची थी। इस कबाड़खाने में खुदा को तकलीफ होती। और फिर खुदा के रखने से फायदा भी क्या होता! मैं कुकर्मी तो रहा नहीं।

बहरहाल, मेरी मौत के बारे में पक्का कर लिया जाए। मेरी जिन्दगी में कई चीजें होते-होते रह गईं। मेरी शादी दो बार होते-होते रह गई। एक बार पुलिस थानेदार होते-होते रह गया। एक बार शहीद होते-होते रह गया। एक अखबार ने मेरा फोटो शहीदों में छाप दिया था। (बात न खुलती तो अभी ताम्रपत्र व पेंशन लेता।) दो बार मैं डूबते-डूबते रह गया। एक बार रेलगाड़ी के नीचे आते-आते बचा। एक बार कॉलेज का प्रिंसिपल होते-होते रह गया।

हो सकता है, इस बार मरते-मरते रह जाऊँ। कहा जाता है कि चीते की जब तक खाल न उतार लो, तब तक यह न मानो कि वह मर गया। ऐसा ही मेरा हाल है। डॉक्टरों से तीन-चार बार जाँच करवाई जाए। हो सकता है डॉक्टर सीने पर मेरे दिल की धड़कन देखें, मगर मेरा दिल तब तक टाँगों में पहुँच गया हो। कुछ ठिकाना नहीं है। खूब जाँच की जाए। एक परीक्षा यह भी की जाए : कोई कहे—परसाईजी, रॉयल्टी का चेक आया है। अगर मैं एकदम उठकर न बैठ जाऊँ तो समझा जाए कि पक्का मर गया। फिर भी पक्का करने के लिए मेरी नाक पर सौ का नोट रखा जाए। अगर तब भी न उठूँ तो पक्का मर गया।

इसके बाद शोक-प्रदर्शन शुरू हो सकता है।

इतना बाहर के लिफाफे में रहेगा। मौत पक्की होने पर भीतर का लिफाफा खोला जाए, जिसमें यह होगा—

मैं हरिशंकर परसाई पूरे होशोहवास में यह लिख रहा हूँ।

मैं लेखक माना जाता रहा हूँ, पर मैं लेखक अपनी इच्छा से नहीं, मजबूरी से बना। मैं सरकारी नौकरी में था। मेरा तबादला एक छोटी जगह हो गया। तब तक मैंने कुछ लिखकर छपा लिया था और मैं अपने को बड़ा लेखक मानने लगा था। मैंने सोचा—बड़ा लेखक छोटी जगह क्यों जाए? वह बड़ी जगह में रहेगा। मैंने इस्तीफा दे दिया। इस्तीफा नहीं देता तो मेरे कर्म ऐसे थे कि डिसमिस होता। अब क्या बचा? नौकरी गई। कुछ करने को नहीं रहा तो लेखक हो गया। ओ हेनरी गबन

में जेल गया था। जेल ने उसे लेखक बना दिया, बेकारी ने मुझे। मैं और कुछ करने को न होने के कारण लिखने का काम करने लगा। दूसरा कारण था—रोजी-रोटी कमाना। कुछ वर्षों में साहित्य के और मेरे साथ एक दुर्घटना घटी—मैं लेखक मान लिया गया। यह लेखकपन, जो मेरे सिर पर लाद दिया गया, एक बोझ बन गया, मैं इसे ढोने को मजबूर था। मैं कुछ और तो बना नहीं था, केवल लेखक बना था, तो जो बना दिया गया उसे निभाना एक मजबूरी हो गई।

दूसरी दुर्घटना हुई—मुझे व्यंग्य-लेखक माना जाने लगा और यह कहा जाने लगा कि मैं हिन्दी में व्यंग्य के अभाव को दूर कर रहा हूँ। मैंने मूर्खतावश इसे भी गम्भीरता से ले लिया। तीसरी दुर्घटना हुई—कहा जाने लगा कि मैं सामाजिक चेतनासम्पन्न लेखक हूँ। मैंने इसे भी मान लिया। देखिए, एक भोले-भाले आदमी की जिन्दगी किस तरह बरबाद की जाती है। मुझमें पुलिस के संस्कार और प्रकृति थी ही। सामाजिक चेतनासम्पन्न लेखक कहा जाने लगा कि तो मैं साहित्य में थानेदार हो गया। सोचने लगा, समाज को मैं ही सुधारूँगा, मैं कानून और व्यवस्था स्थापित करूँगा। गुंडा तत्त्वों को उखाड़ फेंकूँगा। अब गुंडों से निबटने के लिए पुलिसवाले को खुद बड़ा गुंडा होना पड़ता है। तो आगे चलकर मैं साहित्य में निरा गुंडा रह गया।

मुझे ज्ञानियों ने लगातार सलाह दी कि कुछ शाश्वत लिखो। ऐसा लिखो, जो अमर रहे। ऐसी सलाह देनेवाले कभी के मर गए। मैं जिन्दा हूँ, क्योंकि जो मैं आज लिखता हूँ, कल मर जाता है। लेखकों को मेरी सलाह है कि ऐसा सोचकर कभी मत लिखो कि मैं शाश्वत लिख रहा हूँ। शाश्वत लिखनेवाले तुरन्त मृत्यु को प्राप्त होते हैं। अपना लिखा जो रोज मरता देखते हैं, वही अमर होते हैं।

जो अपने युग के प्रति ईमानदार नहीं है, वह अनन्त काल के प्रति क्या ईमानदार होगा!

मैंने एक गलती और की। साहित्य को सीढ़ी मानना चाहिए। मैंने उसे छज्जा मान लिया और जिन्दगी-भर सीढ़ी पर बैठा-बैठा छज्जों को देखता रहा। लोग मेरे सामने ही साहित्य की सीढ़ी से चढ़कर छज्जों पर जा बैठे। कोई बड़ा अफसर हो गया, कोई बड़ा सम्पादक, कोई विदेश विभाग में, कोई सांस्कृतिक सलाहकार। कई प्रकाशक हो गए। उन्होंने साहित्य की सीढ़ी से छलाँग लगाई और छज्जे पर जा बैठे। मैं सीढ़ी पर बैठा रहा। मेरे अगल-बगल से लोग सीढ़ी चढ़ते जाते रहे—ऊँचे और ऊँचे।

मैंने व्यंग्य लिखा। पर वह जरा कठिन हो गया। मुझे हँसोड़, मसखरा, जोकर होना था। तब अधिक सफल होता। मेरे सामने ही लोग यश लूटते रहे और पैसा भी। वे हास्यरस भी नहीं, हास्यास्पद रस के लोग थे। एक हास्यरस के कवि थे। उनकी

कविता में 'कुत्ता' शब्द आ जाता तो वे भौंक पड़ते और लोग खूब हँसते। उन्हें बहुत पैसे मिलते। पर मैं तो इस ऐंठ में रहा कि समाज के तल मे जाकर परीक्षण करूँगा और समाज-परिवर्तन के लेख लिखूँगा। मैं साहित्य में आर्यसमाजी हो गया। इससे अच्छा होता, मैं केवल 'कॉमिक' लिखता और करता।

अच्छा लिखने की मेरी प्रबल इच्छा थी, पर अब वह धरी रह गई। मैंने कई बार बड़ा और श्रेष्ठ उपन्यास लिखने की कोशिश की। इसके दो कारण थे। एक तो उपन्यास लिखे बिना कोई पक्का लेखक नहीं बन सकता। दूसरे, उपन्यास पकौड़े की तरह बिकता है। खूब पैसे मिलते हैं। लोकप्रिय उपन्यास के फॉर्मूले होते हैं। एक ही स्त्री को कभी नर्स, कभी शिक्षिका, कभी क्लर्क, कभी टेलीफोन-ऑपरेटन बना दो। दो-चार रोचक उपन्यास हो गए।

विवाहित पुरुष दूसरी स्त्री से प्रेम करता है, मगर पत्नी और समाज बाधक हैं। ऐसे में पत्नी से बलिदान करा दो। सारे पुरुष खुश। बढ़िया उपन्यास। स्त्री परपुरुष से प्रेम करती है। बाधक पति और समाज हैं। ऐसे में पति का बलिदान करा दो। सारी स्त्रियाँ खुश। फर्स्ट क्लास उपन्यास। ऐसे वाक्य हों—प्रिय, मैं निशा के प्रति तुम्हारी लगन को जानती हूँ। तुम्हारे पवित्र प्रेम में मैं बाधक नहीं बनूँगी। मैं आत्महत्या कर लेती हूँ। या फिर—प्रिये, नरेश के प्रति तुम्हारे अन्तर के भाव मैं समझता हूँ। पवित्र प्रेम से प्रेरित दो व्यक्तियों के रास्ते मैं नहीं आना चाहता। मैं आत्महत्या कर लेता हूँ। बढ़िया कथा।

मैंने प्रेम-उपन्यास लिखने की कोशिश की, पर मेरे प्रेमी-प्रेमिका एक बार बिछुड़ते तो उनके मिलन का संयोग ही मैं नहीं बना पाता। मैंने पाँच उपन्यास आरम्भ किए, पर आगे नहीं बढ़ा पाया। चाहता हूँ, इन अंशों का संग्रह छप जाए। शीर्षक हो : पाँच असफल उपन्यासों का आरम्भ।

अब जब वह तय ही हो गया, तो मरणोपरान्त क्या होना है इसकी हिदायतें देना चाहिए।

पहली बात तो यह है कि मेरी मृत्यु के कारणों की जाँच होनी चाहिए। यह जाँच होनी चाहिए कि क्या मेरा इलाज ठीक हुआ। ऐसा मैं इसलिए चाहता हूँ कि कुछ समय तक अखबारों में मेरा नाम चलता रहेगा। विवादास्पद मृत्यु यश फैलाती है। मैं मामूली मौत मरना भी नहीं चाहता था। डॉक्टर मुझे माफ करें। मैं यशलोलुप हूँ।

मेरे बारे में अखबारों में क्या छपे, यह मैं खुद तैयार करके रखे जा रहा हूँ। मुझे किसी पर भरोसा नहीं। ये लेख दूसरों क नाम से छापे जाएँ। अपने कई फोटोग्राफ मैंने रख छोड़े हैं। ये छापे जाएँ।

मेरी शोकसभा शानदार हो। बैंक में मेरा कुछ रुपया जमा है। इस पैसे से शोकसभा का प्रबन्ध करना चाहिए। हो सका तो मैं कुछ देर छुट्टी लेकर अपनी

शोकसभा देखने आऊँगा। अगर कुछ कमी हुई तो आयोजकों के सिर पर भूत बनकर चढ़ जाऊँगा।

मित्रों से मेरा यह आग्रह है कि जैसे जीवन में उन्होंने मेरा साथ दिया, वैसे ही मौत के बाद दें। मेरा यह मतलब नहीं है कि वे भी जल्दी ही मेरे पास आ जाएँ। वे जिएँ। मित्रों ने मुझे बहुत बर्दाश्त किया, बहुत सहा, बहुत माफ किया। ऐसे मित्र दुर्लभ हैं, पर वे अब मेरे यश को स्थायी बनाने के लिए जो बन सके, करें। मेरे बारे में संस्मरण लिखें, जिनमें मेरी कमजोरियों का जिक्र न करें। मुझे एक साधु या महामानव बना दें।

मेरी हैसियत होती, तो मैं जीवनकाल में ही अपना अभिनन्दन-ग्रन्थ छपवाकर किसी बड़े आदमी के कर-कमलों से ले लेता। साहित्य में मेरे बुजुर्गों ने ऐसा किया है कि अपना अभिनन्दन-ग्रन्थ खुद तैयार करके ग्रहण कर लिया। मैं पैसे से मारा गया। पर मेरे मित्र अब मेरा स्मृति-ग्रन्थ जरूर निकालें। इसके लिए वे चन्दा करें और 33 प्रतिशत खा जाएँ। यदि वे चन्दा नहीं खाएँगे तो मेरी आत्मा को पीड़ा होगी। मैंने खुद कई बार चन्दा किया था और कमीशन खाया था। इससे चन्दे की पवित्रता बनी रही।

पंडित नेहरू ने अपनी वसीयत में गंगा की कवित्वमय महिमा गाई थी और लिखा था कि मेरी अस्थियाँ प्रयाग (गंगा) में विसर्जित की जाएँ। मैं गंगा में डर और ठंड के मारे कभी नहीं नहाया। नर्मदा तो मेरे पास ही है। उसमें भी नहीं नहाया। बचपन में मैं नर्मदा में डूबते-डूबते बच गया था। तभी से मुझे पवित्र नदियों से घृणा हो गई। यों भी मैं बहुत कम नहाया। ज्यादा नहाने से प्रतिभा कम हो जाती है। जिस घर में मैं रहा, उसके पास एक गन्दा नाला है 'ओमती'। यह नाला सारे शहर की गन्दगी और गन्दा पानी लेकर बहता है। बरसात में यह नाला मेरी सीढ़ियों तक आ जाता है और मैला उस पर उतराता है। इसे पार करके सड़क तक जाने में नरक का अनुभव हो जाता है। यह नाला मच्छर भी मुझे सप्लाई करता रहा है। इस नाले से मेरा आत्मिक सम्बन्ध रहा है। मेरी अस्थियाँ इसी नाले में विसर्जित की जाएँ।

मेरा स्मारक जरूर बनवाया जाए, पर इसका डिजाइन साधारण नहीं होना चाहिए। गालिब की याद में जो गालिब अकादमी बनी है, उसका बाथरूम भी अगर उसे रहने को मिल जाता तो वह निहाल हो जाता। ऐसा विरोधाभास नहीं होना चाहिए। मैं जिन्दगी-भर जिस मकान में रहा, वह बरसात में इतना टपकता था कि सोने के लिए कोना ढूँढ़ना पड़ता था। मेरा स्मारक भी ऐसा ही बने। उसकी छत ऐसी हो कि बरसात में पानी भीतर आए। उसकी कभी पुताई और मरम्मत न की जाए। इस स्मारक के अहाते में बबूल के झाड़ लगाए जाएँ। रातरानी वगैरह के पौधे लगाए गए तो मेरी आत्मा को शान्ति नहीं मिलेगी। मैंने जिन्दगी-भर बबूल और भटकटैया पसन्द की थी।

मेरी कोई सन्तान नहीं है, क्योंकि उसकी माँ ही नहीं थी। कहीं कोई बेटा-बेटी हो तो मैं उनका उल्लेख करके पतिव्रताओं को संकट में नहीं डालना चाहता। मेरे वारिस मेरे भानजे-भानजी होंगे। इनमें रॉयल्टी को लेकर झगड़ा न हो, इसलिए मेरे मरने के बाद मेरी पुस्तकें कभी न छापी जाएँ। मैं नहीं चाहता कि ऐसा कुत्सित, ध्वंसकारी, नकारात्मक साहित्य लोग पढ़ें और बिगड़ें। मेरा यश मेरे लिखे हुए से बना नहीं रहेगा। इसलिए जिससे मेरा यश बना रहे वह रहस्य खोल रहा हूँ। यह रहस्य मैंने अभी तक नहीं खोला। पर अब मरते वक्त झूठ नहीं बोलूँगा। लोग इस इस पर विश्वास करें। वह रहस्य है...

मोहन राकेश और फणीश्वरनाथ रेणु के नाम से मैं ही लिखता था। ये दोनों उपनाम थे।

और क्या कहूँ। कुछ लोग मेरे लिए रोने के 'मूड' में होंगे। वे आँसू बरबाद न करें। किसी और के लिए बचा रखें।

गालिबे-खस्ता के बगैर कौन-से काम बन्द हैं,
रोइए जार-जार क्यों, कीजिए हाय-हाय क्यों।

एक अपील का जादू

एक देश है! गणतंत्र है! समस्याओं को इस देश में झाड़-फूँक, टोना-टोटका से हल किया जाता है! गणतंत्र जब कुछ चरमराने लगता है, तो गुनिया बताते हैं कि राष्ट्रपति की बग्घी में कुछ गड़बड़ आ गई है। राष्ट्रपति की बग्घी की मरम्मत कर दी जाती है और गणतंत्र ठीक चलने लगता है।

सारी समस्याएँ मुहावरों, नारों और अपीलों से सुलझ जाती हैं। साम्प्रदायिकता की समस्या को इस नारे से हल कर लिया गया—हिन्दू-मुस्लिम भाई-भाई!

एक दिन कुछ लोग प्रधानमंत्री के पास यह शिकायत करने गए कि चीजों की कीमतें बहुत बढ़ गई हैं। प्रधानमंत्री उस समय गाय के गोबर से कुछ प्रयोग कर रहे थे। वे स्वमूत्र और गाय के गोबर से देश की समस्याओं को हल करने में लगे थे।

उन्होंने लोगों की बात सुनी। चिढ़कर कहा, "आप लोगों को कीमतों की पड़ी है! देख नहीं रहे हो, मैं कितने बड़े काम में लगा हूँ ? मैं गोबर में से नैतिक शक्ति पैदा कर रहा हूँ। जैसे गोबर गैस, वैसे 'गोबर नैतिकता'। इस नैतिकता के प्रकट होते ही सब कुछ ठीक हो जाएगा। तीस साल के कांग्रेसी शासन ने देश की नैतिकता खत्म कर दी है।"

एक मुँहफट आदमी ने कहा, "इन तीस में से बाईस साल आप भी कांग्रेस के मंत्री, मुख्यमंत्री और उप-प्रधानमंत्री रहे हैं। तो तीन-चौथाई नैतिकता तो आपने ही खत्म की होगी!"

प्रधानमंत्री ने गुस्से से कहा, "बको मत। तुम कीमतें घटवाने आए हो न! मैं व्यापारियों से अपील कर दूँगा।"

एक ने कहा, "साहब, कुछ प्रशासकीय कदम नहीं उठाएँगे?"

दूसरे ने कहा, "साहब, कुछ अर्थशास्त्र के भी तो नियम होते हैं।"

प्रधानमंत्री ने कहा, "मेरा विश्वास न अर्थशास्त्र में है, न प्रशासकीय कार्यवाही में। यह गांधी का देश है। यहाँ हृदय-परिवर्तन से काम होता है। मैं व्यापारियों से नैतिकता की अपील कर दूँगा। वे कीमतें एकदम घटा देंगे। अपील से उनके दिलों में मैं लोभ की जगह त्याग फिट कर दूँगा। मैं सर्जरी भी जानता हूँ।"

रेडियो से प्रधानमंत्री ने व्यापारियों से अपील कर दी—व्यापारियों को नैतिकता का पालन करना चाहिए। उन्हें अपने हृदय में मानवीयता को जगाना चाहिए। इस देश में बहुत गरीब लोग हैं, उन पर दया करनी चाहिए।

अपील से जादू हो गया।

दूसरे दिन शहर के बड़े बाजार में बड़े-बड़े बैनर लगे थे—

व्यापारी नैतिकता का पालन करेंगे।
मानवीयता हमारा सिद्धान्त है।
कीमतें एकदम घटा दी गई हैं।

जगह-जगह व्यापारी नारे लगा रहे थे—नैतिकता! मानवीयता! वे इतने जोर से और आक्रामक ढंग से नारे लगा रहे थे कि लगता था, चिल्ला रहे हैं—हरामजादे! सूअर के बच्चे!

गल्ले की दुकान पर तख्ती लगी थी—गेहूँ सौ रुपए क्विंटल! ग्राहक ने आँखें मलीं। फिर पढ़ा। फिर आँखें मलीं और फिर पढ़ा। वह आँखें मलता जाता और पढ़ता जाता। उसकी आँखें सूज गईं, तब उसे भरोसा हुआ कि यही लिखा है।

उसने दुकानदार से कहा, "क्या गेहूँ सौ रुपया क्विंटल कर दिया? परसों तक तो दो सौ रुपए था।"

सेठ ने कहा, "हाँ, अब सौ रुपए के भाव से देंगे।"

ग्राहक ने कहा, "ऐसा गजब मत कीजिए। आपके बच्चे भूखे मर जाएँगे।"

सेठ ने कहा, "चाहे जो हो जाए, मैं अपना और परिवार का बलिदान कर दूँगा, पर कीमत नहीं बढ़ाऊँगा। नैतिकता और मानवीयता का तकाजा है।"

ग्राहक गिड़गिड़ाने लगा, "सेठजी, मेरी लाज रख लो। दो सौ पर ही दो। मैं पत्नी से दो सौ के हिसाब से पैसे लेकर आया हूँ, सौ के भाव से ले जाऊँगा, तो वह समझेगी कि पैसे मैंने उड़ा दिए और गेहूँ चुराकर लाया हूँ।"

सेठ ने कहा, "मैं किसी भी तरह सौ से ऊपर नहीं बढ़ाऊँगा। लेना हो तो लो, वरना भूखे मरो।"

दूसरा ग्राहक आया। वह अक्खड़ था। उसने कहा, "ऐ सेठ, यह क्या अन्धेर मचा रखा है। भाव बढ़ाओ, वरना ठीक कर दिए जाओगे।"

सेठ ने जवाब दिया, "मैं धमकी से डरनेवाला नहीं हूँ। तुम मुझे काट डालो, मार डालो, पर मैं भाव बढ़ाऊँगा नहीं। नैतिकता और मानवीयता भी कोई चीज है।"

एक गरीब आदमी झोला लिये दुकान के सामने खड़ा था। दुकानदार आया और उसे गले लगाने लगा। गरीब आदमी डर से चिल्लाया—"अरे, मार डाला! बचाओ! बचाओ!"

सेठ ने कहा, "तू इतना डरता क्यों है?"

गरीब ने कहा, "तुम मुझे दबोच जो रहे हो! मैंने तुम्हारा क्या बिगाड़ा है?"

सेठ ने कहा, "अरे भाई, मैं तो तुझसे प्यार कर रहा हूँ, प्रधानमंत्री ने मानवीयता की अपील की है न !"

एक दुकान पर ढेर सारे चाय के पैकेट रखे थे। दुकान के सामने लगी भीड़ चिल्ला रही थी, "चाय को छिपाओ। हमें इतनी खुली चाय देखने की आदत नहीं है। हमारी आँखें खराब हो जाएँगी।"

उधर से सेठ चिल्लाया—"मैं नैतिकता में विश्वास करता हूँ। चाय खुली बेचूँगा और सस्ती बेचूँगा। कालाबाजार बन्द हो गया है।"

एक मध्यवर्गीय आदमी बाजार से निकला। एक दुकानदार ने उसका हाथ पकड़ लिया। उस आदमी ने कहा, "सेठजी, इस तरह बाजार में बेइज्जत क्यों करते हो! मैंने कह तो दिया कि दस तारीख को आपकी उधारी चुका दूँगा।"

सेठ ने कहा, "अरे भैया, पैसे कौन माँगता है? जब मर्जी हो, दे देना। चलो, दुकान पर चलो। कुछ शक्कर लेते जाओ। दो रुपए किलो।"

उस आदमी ने कहा, "दो रुपया किलो! अरे, बाप रे! परसों तक तो पाँच रुपए किलो थी। नहीं, मैं इतनी सस्ती नहीं खरीदूँगा।"

सेठ ने कहा, "खरीदना पड़ेगा। मैं तो तुम्हें शक्कर देकर रहूँगा, मेरा धर्म है।"

सेठ ने जबर्दस्ती उसके झोले में शक्कर डलवा दी।

दो दिन बाद सरकारी कर्मचारियों का जुलूस निकला। वे बाँहों पर काला पट्टा लगाए थे। वे कीमतें बढ़ाने की माँग कर रहे थे। उनका कहना था—हमें अभी बोनस और महँगाई भत्ता मिला है, इसके हिसाब से कीमतें बढ़नी चाहिए। पर इधर कीमतें एकदम घटा दी गई हैं। ऐसा कभी नहीं हुआ। यह हमारा अपमान है। हम कोई भिखमंगे नहीं है। हमारी भी नैतिकता है। सस्ता सामान खरीदना बेईमानी है। व्यापारी दाम बढ़ाएँ, वरना हम धरना देंगे।

शाम को बाजार में पथराव हो गया। भीड़ ने नारे लगाए—भाव बढ़ाओ! जनता की माँग पूरी हो! भाव घटानेवालों का नाश हो!

सारे देश में आन्दोलन फैला था। व्यापारी अपने हठ पर थे और जनता अपने हठ पर। कोई झुकने को तैयार नहीं था।

विदेशी पत्रकार हैरत में थे। दुनिया के इतिहास में यह नई बात हो रही थी। वे अपने अखबारों में रिपोर्ट भेज रहे थे—यह विचित्र देश है। जो हो रहा है, वह सपना मालूम होता है। दुनिया-भर में कीमतें घटाने के लिए आन्दोलन होते हैं, यहाँ कीमतें बढ़ाने के लिए आन्दोलन हो रहे हैं। लोग सस्ता माल खरीदने को तैयार नहीं हैं। प्रधानमंत्री की नैतिकता और मानवीयता की एक अपील से व्यापारी एकदम त्यागी हो गए हैं। उधर जनता अपनी नैतिकता पर डटी है। हजारों लोग लाठीचार्ज में घायल हो गए हैं, कितने ही व्यापारी पिट चुके हैं। अराजकता की स्थिति आ रही है।

बड़ी खराब हालत थी।

आखिर जनता के प्रतिनिधि चैम्बर ऑफ कॉमर्स के अध्यक्ष के पास पहुँचे। कहा, "भाईजी, अपने व्यापारियों को समझाइए। देश का तो खयाल कीजिए। मुद्रा-स्फीति का खयाल कीजिए। लोगों की क्रयशक्ति पर ध्यान दीजिए। व्यापारियों के इस रवैये से देश की अर्थव्यवस्था टूटी जा रही है। आप लोग भाव बढ़ाइए।"

चैम्बर ऑफ कॉमर्स के अध्यक्ष ने जवाब दिया, "अब हम क्या कर सकते हैं? हमारी नैतिकता और मानवीयता को प्रधानमंत्री ने क्यों उकसाया? अब जनता नतीजा भुगते।"

प्रतिनिधि मंडल ने हाथ जोड़कर कहा, "भाई साहब, जनता की हालत बहुत खराब है। लोगों को पेचिश हो रही है, क्योंकि वे सस्ता अनाज खा रहे हैं। बच्चा दूध का घूँट लेता है और कै कर देता है, क्योंकि उसमें सस्ती शक्कर मिली है। लोग चाय का घूँट लेते हैं तो मतली आती है, क्योंकि चाय सस्ती है। लोग कुरता पहनते हैं, तो शरीर खुजलाने लगता है, क्योंकि कपड़ा कम रेट का है। स्त्री बघार लगाती है, तो उसे चक्कर आ जाता है, क्योंकि तेल सस्ता और शुद्ध है। कुछ कीजिए। देशवासियों की जान खतरे में है।"

चैम्बर ऑफ कॉमर्स के अध्यक्ष ने कहा, "आप लोग सब प्रधानमंत्री के पास ही जाइए। वही स्थिति को ठीक कर सकते हैं।"

प्रतिनिधियों ने प्रधानमंत्री से बात की। सुनकर प्रधानमंत्री ने कहा, "आप लोगों ने ही मुझे व्यापारियों से अपील करने को मजबूर किया था। देख लिया मेरी अपील का जादू! खैर, मैं स्थिति को ठीक कर दूँगा।"

प्रधानमंत्री ने फिर रेडियो पर व्यापारियों से अपील की, "व्यापारियों ने मेरी अपील को गलत समझ लिया था। इस गलतफहमी के कारण ही देश में दुखद स्थिति पैदा हो गई है। मैंने व्यापारियों से सामान्य नैतिकता और मानवीयता का पालन करने को नहीं कहा था। व्यापारी को अपनी विशिष्ट व्यावसायिक नैतिकता का ही पालन करना चाहिए। आशा है, वे अब स्थिति को सामान्य बनाएँगे। मैं अपनी पहले की अपील वापस लेता हूँ।"

दूसरे दिन बाजार पहले जैसा हो गया और लोगों ने राहत की साँस ली।

सत्य-साधक मंडल

इधर हमारा एक 'सत्य-साधक मंडल' चलता था। हम कुछ लोग शनिवार की शाम को एक जगह बैठकर सत्य, ईश्वर, धर्म आदि पर चर्चा करते थे। धर्म-ग्रन्थों से पाठ होता। भजन होता।

हम सब सादा लोग हैं और हमारे इस कार्यक्रम में कोई टीमटाम नहीं थी। सत्य की टीमटाम हो तो लोग पूछने लगते हैं कि इसके लिए खर्च कौन-सा असत्य दे रहा है? अब यह सवाल खड़ा होता ही है कि सारे भारतवासी 'ध्यान' में खो जाएँ, इसके प्रचार के लिए कौन-से चोर धन दे रहे हैं।

हम हर तरह के सन्देह से परे थे। कुल 15-20 लोग आते थे। ज्यादा प्रचार नहीं था। प्रचार हो जाता तो हमारे सत्य को कोई बड़ी पार्टी झपट लेती।

मैं इसलिए चला जाता था कि मेरे घर से साधना-कक्ष दस कदम पर है। सत्य

पास ही मिलता है तो मैं उसे ग्रहण कर लेता हूँ। दूर नहीं जाता सत्य के लिए। उसमें रिक्शा-किराया लग जाता है।

दो-तीन रिटायर्ड लोग आते थे। इनके लिए सत्य-शोधन बैठे से बेगार भली जैसा था।

एक प्राइवेट कॉलेज के तीन अध्यापक आते थे, जहाँ छह-छह महीने वेतन नहीं मिलता था। जिसे छह-छह महीने वेतन न मिले, वह वैसे ही आध्यात्मिक हो जाता है। कहते हैं जनक 'विदेह' थे। याने देह की सुधबुध नहीं रहती थी। यह तपस्या का परिणाम नहीं था। जिसके घर में चार लड़कियाँ बिन ब्याही बैठी हों, वह विदेह हो ही जाएगा।

कॉलेज की एक युवा सुन्दरी अध्यापिका मिस सक्सेना आती थीं। पर उनका तबादला हो गया और वे अपने सामान के साथ हमारे चार साधकों का सत्य बाँधकर ले गईं। चारों ने आना छोड़ दिया।

हमने मुहल्ले में रहनेवाले आयकर अधिकारी को लाने की कोशिश की। सोचा, व्यापारी उनकी देखादेखी आने लगेंगे। पर वे नहीं आए, क्योंकि आयकर की सत्य-साधना एकान्त में होती है।

फिर चोपड़ा साहब हमारे मंडल में आने लगे। वे इमारतों के ठेकेदार थे। उनके शामिल होने से हमारे सत्य में थोड़ी बुलन्दी आई। चोपड़ा साहब निहायत भले इनसान थे। बड़े सरल और बड़े निष्ठावान। वे पहले ही दिन जब आए तो प्रसाद साथ ले आए थे। पेड़े और बर्फी।

हमारी सत्य-साधना में उन्होंने मिठाई का प्रवेश करा दिया। इससे सत्य में कुछ कटुता रही हो, तो वह चली गई। भजन के बाद फौरन चोपड़ा साहब उठे और 'लीजिए जी प्रसाद' कहकर सबको मिठाई बाँटी। इसके बाद आँखें बन्द किए जरा देर खड़े रहे और बड़ी गम्भीरता से बोलने लगे, "सवाल है जी कि सत्य क्या है, ईश्वर क्या है? व्हाट इज गॉड? बड़े-बड़े साधु-महात्मा, ऋषि-मुनि सोचते रहे, मगर जवाब किसी को नहीं मिला। भगवान कृष्ण ने कहा कि मैं ही सब कुछ हूँ। हे अर्जुन, तू सब धर्म छोड़कर मेरी शरण में आ जा। मंसूर ने कहा, 'अनलहक' याने मैं ही ईश्वर हूँ। उसे सूली पर चढ़ा दिया गया। कहा है—

किया दावा अनलहक का
हुआ सरदार आलम का
अगर चढ़ता न सूली पर
तो वह मंसूर क्यों होता?

"मूसा तूर पर ईश्वर का दर्शन करने गए थे। वहाँ ऐसी रोशनी हुई कि मूसा को गश आ गया। वे कुछ नहीं देख सके। कहा है—देखना आपका तसलीम मगर क्या देखा? कबीर कहते हैं—हमारा यार है हममें हुमन को इन्तजारी क्या। तो जी,

सत्य ही ईश्वर है और ईश्वर ही सत्य है। वह हमारे अपने अन्दर है। मगर हम उसे देख नहीं सकते। सवाल है—क्यों देख नहीं सकते ? बताइए, क्यों नहीं देख सकते सत्य को और ईश्वर को ? इसमें रुकावट है—हमारा अहम्, हमारा मैं, हमारा सेल्फ, हमारा ईगो। हमने मेरा-तेरा लगा रखा है। हमारा मैं सबसे ऊँचा होता है। तो दोस्तो, जब तक हम इस अहम् को, मैं को, सेल्फ को, ईगो को नहीं गलाएँगे, तब तक सत्य और ईश्वर को नहीं पा सकते। तो आइए, हम इस अहम् को, मैं को, सेल्फ को, ईगो को गलाएँ। खत्म कर दें इसे।''

मैंने बहुत संक्षेप में उनके प्रवचन का सार ही दिया है। वे लगभग आधा घंटा बोले होंगे।

बोलकर सन्तुष्ट भाव से बैठ गए और थोड़ी देर ध्यान-मग्न ही रहे।

अगले शनिवार भजन के बाद चोपड़ा साहब फिर उठे और 'लीजिए जी प्रसाद' कहकर बर्फी बाँटी। फिर थोड़ी देर आँखें बन्द करके खड़े रहे।

फिर बोलने लगे, ''सवाल है जी कि सत्य क्या है, ईश्वर क्या है ? व्हाट इज ट्रूथ ? व्हाट इज गॉड ?...''

फिर अन्त किया, ''...तो आइए, हम इस अहम् को, मैं को, सेल्फ को, ईगो को गलाएँ, खत्म कर दें इसे।''

हर बार चोपड़ा साहब यह करने लगे। भजन के बाद उठते, आँखें बन्द करके ध्यान करते और प्रवचन शुरू कर देते।

प्रसाद-वितरण और प्रवचन एक दूसरे से इस कदर जुड़े थे कि दोनों के बीच में विसर्जन की गुंजाइश नहीं थी। परेशान हम लोग सब थे। पर बड़ी गम्भीरता से ध्यान से हम प्रवचन सुनते रहते।

चोपड़ा साहब हम सब पर चौकस नजर रखते हुए बोलते। हम कुल 12-15 तो होते ही थे। हम अगल-बगल भी नहीं देख सकते थे। एक-दूसरे के कान में रिमार्क भी नहीं डाल सकते थे। मुस्कराकर हलके भी नहीं हो सकते थे। इस मामले में पक्का गानेवाले कितने दयालु होते हैं जो आँखें बन्द करके गाते हैं। श्रोता हँसकर, फुसफुसाकर, रिमार्क करके हलके हो जाते हैं। जो चाहें खिसक सकते हैं। गायक का स्वास्थ्य अच्छा रहता है।

एक बहुत वृद्ध पक्के गायक ने आँखें बन्द करके दो घंटे गाया। मैं सोचने लगा, इनकी इतनी लम्बी उम्र और ऐसे अच्छे स्वास्थ्य का कारण क्या है ? समझ में आया, वे आँखें बन्द करके गाते हैं। अगर आँखें खोलकर गाते तो अपने श्रोताओं का हाल देखकर जवानी में ही वे हाय खाकर मर जाते।

चोपड़ा साहब के चले जाने के बाद अब उनकी आलोचना होने लगी।

सत्य-साधक पीठ-पीछे आलोचना करते हैं।

मिश्रजी कहते, "चोपड़ा साहब अच्छे आदमी हैं। पर परेशान करते हैं। आधा-पौन घंटा वही-वही प्रवचन हर बार करते हैं।"

शुक्लजी ने कहा, "हाँ भई, बैठना मुश्किल हो जाता है। उन्हें खुद इतना समझना चाहिए कि लोगों को परेशानी होती है। हर बार वही सवाल है जी कि सत्य क्या है, ईश्वर क्या है?" और अन्त में— "तो आइए इस अहम् को, मैं को, सेल्फ को, ईगो को गला डालें। आखिर वे क्या अपने को सबसे ज्ञानी समझते हैं?"

मिश्रजी ने कहा, "वे प्रसाद लाते हैं। आप तो कोई नहीं लाते। जो प्रसाद लाएगा, वह प्रवचन करेगा ही। और आपको सुनना होगा क्योंकि आप प्रसाद खाते हैं।"

हम कुड़मुड़ाते थे और सहते थे। चोपड़ा साहब का स्वास्थ्य अच्छा था। वे किसी शनिवार को बीमार नहीं पड़े।

शुक्लजी ने एक दिन कहा, "हर बार चोपड़ा साहब ही प्रसाद लाते हैं। अच्छा नहीं लगता। कभी हमें भी ले चलना चाहिए। क्या खयाल है?"

मैंने कहा, "आप बिल्कुल ठीक कहते हैं। मैं भी ऐसा ही कुछ सोच रहा था।"

शुक्लजी ने कहा, "तो इस शनिवार को मैं प्रसाद ले चलूँगा।"

शनिवार की शाम को हम एकत्र हुए। शुक्लजी प्रसाद का डिब्बा बगल में रखकर बैठ गए। थोड़ी देर बाद चोपड़ा साहब भी आए और अपनी जगह पर बैठ गए।

साधना हुई। भजन हुआ। चोपड़ा साहब तो इत्मीनान से प्रसाद लेकर उठते थे। उन्हें कोई जल्दी तो थी नहीं। यह उनका नियमित कार्यक्रम ही था। पर शुक्लजी पहली बार प्रसाद लाए थे। वे उत्तेजित थे और हड़बड़ी में थे। वे भजन खत्म होते-होते ही उठ खड़े हुए और प्रसाद बाँटने लगे। उत्साह में वे ज्यादा प्रसाद ले आए थे। बर्फी के दो-दो टुकड़े बाँट रहे थे।

मैंने देखा, चोपड़ा साहब कुछ परेशान थे। वे कड़ी नजर से शुक्लजी को देख रहे थे। उनके सौम्य मुख पर तनाव आ गया था। उन्होंने चेहरे का पसीना भी पोंछा। वे बहुत बेचैन लग रहे थे।

शुक्लजी ने चोपड़ा साहब को भी प्रसाद दिया। चोपड़ा साहब की आँखों में अब तक क्रोध आ चुका था। उन्होंने सिर्फ एक टुकड़ा लिया। उसे भी खाया नहीं, अखबार पर रख दिया। किसी ने कहा, तब उन्होंने कड़वी दवा की तरह बर्फी खाई।

चोपड़ा साहब के बगल में प्रसाद का डिब्बा रखा था। हम आशा कर रहे थे कि अब वे उठेंगे और प्रसाद बाँटेंगे। पर वे नहीं उठे।

मैंने कहा, "चोपड़ा साहब, आप भी तो प्रसाद देंगे।"

चोपड़ा साहब ने भन्नाकर कहा, "ये रखा है। ले लीजिए।"

चोपड़ा साहब की तबीयत एकाएक खराब हुई लगती थी।

हममें से एक ने प्रसाद बाँटा। मैंने कहा, "चोपड़ा साहब, अब आपका प्रवचन हो जाए।"

चोपड़ा साहब ने लाल आँखों से देखा और कहा, "मैं कोई प्रवचन नहीं करूँगा।"

फिर उन्होंने शुक्लजी की तरफ तनी हुई आँखों से देखा और कहा, "आप प्रवचन करिए साहब! अब प्रवचन भी करिए।"

शुक्लजी सकपका गए। उन्होंने कहा, "नहीं, मैं इस योग्य नहीं हूँ।"

चोपड़ा साहब ने कहा, "हैं क्यों नहीं साहब! करिए, प्रवचन करिए।"

हम सब चुप थे। जरूर चोपड़ा साहब की तबीयत खराब हो गई।

वे एकाएक उठे। बोले, "मैं अब चलूँगा।"

वे फुर्ती से चले गए।

हम बातें करते रहे कि चोपड़ा साहब आए तो प्रसन्न थे। यहीं अचानक उनकी तबीयत खराब हो गई।

चोपड़ा साहब अगले शनिवार को नहीं आए। उसके बाद भी कभी नहीं आए। वे अपने अहम् को, मैं को, सेल्फ को, ईगो को गलाने में लग गए होंगे।

सहानुभूति के रंग

शायद यह हड़बड़ा देनेवाली मार्मिक खबर दुनिया में नहीं फैली कि मेरी टाँग की हड्डी टूट गई। अखबारों में बहुत-सी व्यर्थ खबरें, छोटी-छोटी बातें छपती रहती हैं—कहीं अफ्रीका की स्वतंत्रता का मामला, कहीं पश्चिम एशिया में शान्ति, कहीं परमाणु अस्त्र-परिसीमन! मगर मेरी टाँग टूटने की खबर को जान-बूझकर दबाया गया। इसमें मुझे कुछ विदेशी और देशी शक्तियों का षड्यंत्र मालूम होता है। मॉरीशस में विश्व हिन्दी-सम्मेलन करने से क्या फायदा? मेरे पास अभी तक शिवसागर रामगुलाम की चिट्ठी नहीं आई। मैं मॉरीशस विश्व हिन्दी-सम्मेलन में जा रहा था। पर रवाना होने के तीन दिन पहले मेरी टाँग टूट गई। मैं पूछता हूँ—और किस हिन्दी लेखक की टाँग टूटी? कौन अपनी भाषा के लिए टाँग तुड़वाता है? मेरी इस टूटी टाँग का हिन्दी आन्दोलन में बड़ा महत्त्व है। मैंने अच्छा नहीं लिखा

तो कम-से-कम अच्छी टाँग तो तुड़वा ली? वे कितने घटिया लेखक हैं जो न अच्छा लिखते हैं, न हाथ-पाँव तुड़वाते हैं।

किसी दुर्घटना से या नुकसान से बेचारा लेखक क्या चाहता है? थोड़ा प्रचार। मैं यह कब कहता हूँ कि मेरा महान लेखक के रूप में प्रचार किया जाए। कुल यही तो चाहता हूँ कि टाँग टूटने की खबर फैले—और प्रसंगवश यह कि मैं लेखक हूँ। दुर्घटना से मैंने खुद कवि बनाए हैं। मैं एक अखबार में काम करता था। एक सज्जन कविता लिखते थे, पर उन्हें कोई कवि नहीं मानता था। एक रात उनके घर चोरी हो गई। मैंने इस समाचार का शीर्षक दे दिया—'कवि के घर चोरी'। दूसरे दिन वे मेरे पास आए। बहुत खुश थे। कहने लगे, "मैं आपका अहसान जीवन-भर नहीं भूलूँगा।" मैंने कहा, "क्या आपकी चोरी का सामान मिल गया?" वे बोले, "नहीं। मैं तो इसलिए आपका आभारी हूँ कि आपने मुझे कवि के रूप में मान्यता दी। मेरा नाम फैलाया। उन्हें अपने चोरी गए माल का कतई दुख नहीं था। चला गया तीन-चार हजार का माल तो क्या हुआ। पर इतने से नुकसान से कवि के रूप में विख्यात तो हो गए।" वे तो कुत्ते से कटवा लेते जिससे छपता—कवि को कुत्ते ने काटा। वे फाँसी लगा लेते जिससे छपता—कवि द्वारा आत्महत्या। फाँसी इसलिए नहीं लगाई कि मरने के बाद वे यह समाचार छपा हुआ नहीं देख सकते थे।

मैं अपनी तरफ से गफलत नहीं कर रहा हूँ। जो भी लिखता हूँ, उसमें टाँग टूटने का जिक्र जरूर कर देता हूँ—भौंडेपन से ही सही। भौंडापन सत्साहित्य का जरूरी गुण है, जैसे बेवकूफी सज्जनता का। लोग नहीं पूछते तो भी मैं उन्हें पत्र में लिखता हूँ—प्रिय भाई, हालत सुधार पर है। अब थोड़ा चलने लगा हूँ।

एक दिन एक सज्जन कानपुर से आए—वे आगे दुर्जन सिद्ध हुए। पर मैं तो गर्व से फूल गया कि इतनी दूर से लोग मेरा हाल देखने आते हैं। मैंने अपनी सधी हुई अदा से कहा, "अब टाँग धीरे-धीरे ठीक हो रही है। थोड़ा चल देता हूँ। पर दर्द अभी है।" वे असमंजस में पड़ गए। कहने लगे, "आप किसके बारे में कह रहे हैं? किसकी टाँग में दर्द है?" मेरा बुरा हाल हो गया। इस कम्बख्त को कुछ पता ही नहीं है! लगा, दूसरी टाँग भी टूट गई। मैंने उन्हें बताया, तो वे बोले, "हमें पता ही नहीं था। ईश्वर आपको जल्दी स्वस्थ करे।" मैंने पूछा, "तो क्या कानपुर में आपको गिरिराज किशोर और कामतानाथ ने नहीं बताया?" वे बोले, "नहीं, हम तो इन्हें नहीं जानते।" मेरे साथ ये दोनों लेखक भी ढेर हुए। कानपुर में ये क्या भाड़ झोंकते हैं? कोई इन्हें जानता ही नहीं। कानपुरी कहने लगे, "हम तो लड़की की शादी तय करने आए हैं अमुक तिवारीजी के लड़के से। हमें बताया गया कि तिवारी परिवार को आप अच्छी तरह जानते हैं। सोचा, आपका मत भी ले लें।" मुझे गुस्सा आया। एक लेखक की टाँग टूटी है और लोग शादियाँ रचा रहे हैं। सोचा, इनकी लड़की

की शादी कटवा दूँ। कह दूँ कि लड़का शराबी-जुआड़ी है। पर इतना नीच होने की सामर्थ्य नहीं जुटा पाया। कुछ लेखक तो सहज ही निष्प्रयास नीच हो लेते हैं। मुझे उनसे ईर्ष्या होती है।

मैं जो कुछ प्रचार कर रहा हूँ, हिन्दी के लिए। यह हिन्दी की टाँग है—जो टूट गई। जैसे एक आदमी हमारे शहर की नाक है—गो छिनकी हुई। (बीभत्स रस)।

कल जो भले आदमी आए थे, वे कहने लगे, "अमुक साहब से आपके घर का पता पूछा तो उन्होंने नहीं बतलाया। सुना था, वे आपके मित्र हैं।" मैंने कहा, "कोई बात नहीं। मैं ऐसा नहीं करूँगा। उनके मरने पर, मैं आपको यह बता दूँगा कि उन्हें किस मरघट ले जा रहे हैं।" जिन्होंने उन्हें पता बताया था उनका नाम उन्होंने बताया तो मैंने कहा, "उन्हें मेरी टाँग टूटने से दुख होगा। मैं जानता हूँ। पर उन्होंने मेरी हलकी-सी निन्दी भी की होगी। मेरी ये कमजोरियाँ बतलाई होंगी।" उन सज्जन ने कहा, "आप ठीक कहते हैं। पर आपने कैसे जाना?" मैंने कहा, "मैं आदमी को जानता हूँ। उन्हें तो और अच्छी तरह से जानता हूँ।"

हाँ, खालिस सहानुभूति नहीं दी जाती। तेज होती है। जीभ जल जाती है। निराला की मृत्यु के बाद प्रयाग के एक सुनामधन्य लेखक से मिला तो वे कहने लगे, "बेचारे निराला जीवन भर दुख भोगते-भोगते आखिर मृत्यु को प्राप्त हो गए। ऐसी महान प्रतिभा का ऐसा दारुण अन्त!" मुझे लगा ये रोनेवाले हैं, पर वे बोले, "मरते क्यों नहीं? सब करम तो करते थे—नशा, रंडीबाजी..." मुझे लगा मेरे पास एक कोढ़ी बैठा है, जिसके अंग-अंग गल रहे हैं। बड़ी दया आई। क्या करूँ इसके लिए? किस कुष्ठ आश्रम में भर्ती करा दूँ इसे?

सहानुभूति-संकट एक दिन मैंने एक भलेमानस का देखा। उनके परम घनिष्ठ मित्र अस्पताल में थे और मौत के पास थे। उनसे कहा गया था कि ये आधा घंटा के ही मेहमान हैं। भलेमानस ने दफ्तर से आधी छुट्टी ले ली और मरनेवाले से अपनी मैत्री के स्टैंडर्ड के हिसाब से शवयात्रा के लिए तैयार होकर घर में बैठ गए। वे अस्पताल से फोन का इन्तजार कर रहे थे। फोन बजता तो बड़ी आशा से उठाते और निराश होकर रख देते। 2-3 घंटे हो गए। वे खीझकर कहने लगे, "बताओ भला, कैसी झंझट है! हमसे तो कहा था कि आधा घंटे में काम तमाम हो जाएगा। तो हम छुट्टी लेकर इधर बैठे हैं। तीन घंटे हो गए पर उधर से खबर ही नहीं आई।" मरनेवाले की भी क्या धाँधली थी! जल्दी और ठीक समय पर नहीं मर रहा था और उनकी छुट्टी बरबाद हो रही थी।

मुझे एक आदमी अच्छे लगे। उन्होंने कहा, "टाँग-वाँग की क्या चिन्ता! हो जाएगी अच्छी। यह बताइए, कुछ लिख रहे हैं?" मैंने कहा, "हाँ, रेडियो से लोक-सभा-चुनाव के नतीजे आ रहे हैं। लिख रहा हूँ—मेरे दरवाजे के सामने यह पेड़ है।

जरा हवा चलती है तो पत्ते ऐसे गिरते हैं जैसे कांग्रेस के उम्मीदवार गिर रहे हों। और ये जो पीले पत्ते हैं, इनकी जमानत जब्त हो गई।''

सज्जन ने कहा, ''आप तो राजनीतिक लिख रहे हैं।'' मैंने कहा, ''हाँ, बात यह है कि आपातकाल और सेंसर के कारण मैं भी दूसरे लेखकों की तरह चुपचाप था। पर अब तो मुझे यह बताना ही है कि बाकी सब लेखक कायर हैं—बहादुर मैं ही हूँ।''

चीनी डॉक्टर भागा

[एक देशभक्त की कथा]

शहर के मसखरे कहते थे कि भैया सा'ब की सभा में अनिद्रा रोग के मरीज ही जाते हैं और उनका भाषण सुनते-सुनते सो जाते हैं। मगर उस शाम तिलक मैदान में बड़ी भीड़ थी। इसका कारण था। दिन में सभा की घोषणा करता जो ताँगा घूमा था, उसने कहा था कि भैया सा'ब चीनियों के एक नए षड्यंत्र का भंडाफोड़ करेंगे, जिसकी जानकारी देश में किसी दूसरे को नहीं है।

बात 1962 की है। तब भारत-चीन युद्ध कुछ दिन हो चुका था।

शहर में दिन-भर चर्चाएँ होती रहीं—"चीनी लोग कई मील अपनी सीमा में घुस आए हैं। ... बड़ी कट्टर कौम है। ...बड़े धोखेबाज हैं...कोई भी षड्यंत्र कर सकते हैं...भैया सा'ब को कहाँ से मालूम हुआ ?...आदमी तिकड़मी है, कहीं से दूर

की कौड़ी लाया है...सुनना चाहिए।''

वर्षों से श्रोताओं से वंचित भैया सा'ब को उस शाम भीड़ देखकर ऐसी खुशी हुई, जैसे सुरसा को हनुमान को देखकर हुई थी—आजु सुरन्ह मोहि दीन्ह अहारा।

भैया सा'ब ने भाषण आरम्भ किया—

''भाइयो, आज देश पर संकट के बादल छाए हैं। प्राचीन ऋषियों की लीला-भूमि में दुष्ट चीनी घुस आए हैं। भाइयो, यह सरकार निकम्मी है। यह शत्रु के प्रति भी शान्ति की नीति बरतती है, यह अहिंसा में विश्वास करती है। हम यह नीति नहीं मानते। हम उन वीर परशुराम की सन्तानें हैं, जिन्होंने क्षत्रियों का नाश करके ब्राह्मणों का राज स्थापित किया था। हमारी नाड़ियों में आर्यों का पवित्र रक्त बहता है। हमारा धर्म संसार में सर्वश्रेष्ठ है। हमारी जाति संसार की सिरमौर है। पर आज हमारी पवित्र भूमि के हजारों मील के टुकड़े में चीनी घुए आए हैं और सरकार सो रही है। इसे नहीं मालूम कि देश में कैसे-कैसे षड्यंत्र रचे जा रहे हैं। मैंने हाल ही में चीनियों के एक बड़े षड्यंत्र का पता लगाया है।

''आप जानते हैं, देश-भर में चीनी दाँत के डॉक्टर फैले हुए हैं। ये हमारे बीच में, हमारे बनकर कितने ही वर्षों से रह रहे हैं। ये इसी पवित्र भूमि का अन्न खाते हैं, इसी का जल पीते हैं। पर ये लोग इसी भूमि से गद्दारी करते हैं। मैं बिना प्रमाण के झूठा आरोप नहीं लगाता। मैं व्यक्तिगत अनुभव की बात बताता हूँ। हमारे शहर में भी एक चीनी डॉक्टर येन-चेन है। वह पचासों सालों से यहाँ है और सब उसका विश्वास करते हैं। दूसरा कोई अच्छा दाँत का डॉक्टर है नहीं, इसलिए उसकी आमदनी भी बहुत है। कल दोपहर को मैं उसके पास अपना दुखता हुआ दाँत दिखाने लगा। उसने मुझे कुर्सी पर बिठाया और न जाने कैसा इंजेक्शन दिया कि मैं बेहोश होने लगा। उसने औजार उठाया और मेरी दाढ़ उखाड़ने लगा। जरा इस शैतानी को देखो—दर्द दाँत में है और वह मेरी पक्की दाढ़ उखाड़ता है। पलक मारते मैं उसकी चाल समझ गया। मैंने उसे एक धक्का दिया और बाहर आ गया। भाइयो, येन-चेन मुझे या तो मार डालना चाहता था या मेरी दाढ़ उखाड़ लेना चाहता था। यह दाढ़ मामूली दाढ़ नहीं है—यह मेरी अक्ल की दाढ़ है। एक तो यह बड़ी देर करके उगी है और अब यह बदमाश चीनी उसे उखाड़ना चाहता है। भाइयो, यदि उस क्षण मुझे ईश्वरीय प्रेरणा न मिलती तो या तो देश मुझ जैसे कर्मठ देशभक्त को खो देता या मेरी अक्ल की दाढ़ चली जाती और मैं किसी काम का न रहता। भाइयो, मुझे इन चीनियों के सारे षड्यंत्र का पता लग गया है, इनके पास चाऊ-एन-लाई की एक गुप्त गश्ती चिट्ठी आई है, जिसमें इन्हें आदेश दिया गया है कि अपने-अपने शहर के राष्ट्र-भक्त नेताओं की अक्ल की दाढ़ उखाड़ लो। भाइयो, अगर हम लोगों की अक्ल की दाढ़ उखड़ गई तो देश नेतृत्व-विहीन हो जाएगा और चीनी हमें

परास्त कर देंगे। भाइयो, यह चीनी डॉक्टर येन-चेन हमारे देश का दुश्मन है। यह हमारे शत्रुओं से मिला है। इसे हम बर्दाश्त नहीं कर सकते। हम आस्तीन में साँप नहीं पालेंगे...''

सभा में कानाफूसी हुई। कुछ खुसफुस हुई। दो-चार आदमी कुछ पूछने को उठे। एक ने कहा, ''भैया सा'ब, कल तो आप शहर में थे ही नहीं। आप बाहर से सुबह ही लौटे हैं। आपकी बात सही नहीं मालूम होती।''

भैया सा'ब गरज उठे, ''देख लो, इन गद्दारों को। ये चीनी का पक्ष लेते हैं। ये मुझे झूठा कहते हैं। इन्हीं लोगों ने देश को गिराया है। एक समय था जब इस पवित्र भूमि में दूध-दही की नदियाँ बहती थीं। फिर देश में पापी पैदा हुए तो नदियों में मठा बहने लगा और अब इन गद्दारों के पापों का परिणाम आप आँखों से देख रहे हैं—हाय,आज हमारी नदियों में पानी बहता है। भाइयो, अच्छी तरह पहचान लो, इन गद्दारों को जो चीनी डॉक्टर का पक्ष लेते हैं।''

सभा में सन्नाटा छा गया।

भैया सा'ब का जोश दुगुना हो गया। वे दहाड़े, ''हम देश के लिए प्राणों की बलि चढ़ा देंगे। हम देश के दुश्मनों के दाँत तोड़ देंगे। भाइयो, यह चीनी डॉक्टर हमारे लिए बड़ा ही खतरा है। हमारा धर्म है कि हम इसे शहर से बाहर निकालें। हमें आन्दोलन करना है। भाइयो, कमर कस लो। देश आज पुनः बलिदान माँगता है। हम सत्याग्रह करेंगे। कल सुबह आठ बजे यहाँ से एक जुलूस नगर के प्रधान मार्गों से होता हुआ चीनी डॉक्टर के घर जाएगा और उससे शहर छोड़ने की माँग करेगा। यदि वह राजी नहीं हुआ, तो उसी समय उसके दरवाजे पर पिकेटिंग शुरू हो जाएगी। मैं देश की स्वतंत्रता के लिए लड़ा हूँ। मैंने सीने पर एक नहीं, सैकड़ों गोलियाँ खाई हैं। मैंने देश के लिए सैकड़ों बार प्राण दिए हैं। मैं चीनी डॉक्टर को निकालने के लिए आमरण अनशन कर दूँगा। बोलो : देश के दुश्मन—मुर्दाबाद। चीनी डॉक्टर—निकल जाओ। भारतमाता की—जय।''

सुबह भैया सा'ब फूलमालाएँ पहने जुलूस में आ गए थे। अपने घर के सामने पहुँचे, तो स्त्रियों ने तिलक लगाया, आरती उतारी और नारियल हाथ में दिया।

नारे लग रहे थे।

देश के दुश्मन—मुर्दाबाद!

चीनी डॉक्टर—निकल जाओ।

डॉक्टर येन-चेन परेशान था। हाथ जोड़कर बाहर आया और समझाने लगा कि मुझे चीन से कोई मतलब नहीं, मैं भारतीय नागरिक हूँ और चाउ-एन-लाई की कोई गश्ती चिट्ठी मेरे पास नहीं आई। मैं ईमान से कहता हूँ, भैया सा'ब मेरे पास आए ही नहीं।

भीड़ को प्रभावित होते देख भैया सा'ब चिल्ला पड़े, ''झूठ बोलता है। देश के

दुश्मन—मुर्दाबाद। चीनी डॉक्टर—निकल जाओ।''

नारों में तर्क डूब गए।

'सत्याग्रह' की शक्ति के सामने चीनी डॉक्टर टिक नहीं पाया। पिकेटिंग और अनशन की मार से ढीला हो गया।

चौथे दिन उसने अपने दवाखाने का सामान बेचा। एक कोई डॉक्टर त्रिवेदी न जाने कहाँ से आए और उसे मिट्टी के मोल खरीद लिया। चीनी डॉक्टर अपने बहनोई की जूतों की दुकान में काम करने कलकत्ता चला गया।

शाम तक वहाँ नया बोर्ड लग गया : डॉक्टर गोविन्द प्रसाद त्रिवेदी एल.डी.एस. दाँत के डॉक्टर।

डॉक्टर त्रिवेदी के पास शाम को पहला मरीज आया। दाँत साफ करवाकर उसने कहा, ''डॉक्टर साहब, आप पहली बार ही आज दिखे। पहले कहाँ थे?''

डॉक्टर ने कहा, ''मैं बरेली में था जी। पिछले साल ही लखनऊ से डॉक्टरी पास की। किसी अच्छी जगह दवाखाना खोलने का इरादा था। यह शहर अच्छा है। यहाँ एक ही अच्छा था, सो चला गया। जगह अच्छी मिल गई और औजार भी बड़े सस्ते मिले।'' मरीज ने कहा, ''लेकिन आप आज ही अनायास बोर्ड वगैरह सब तैयार लेकर आए और दो घंटे में काम चालू कर दिया। क्या आपको पहले से मालूम था कि ऐसा होगा?''

डॉक्टर त्रिवेदी ने जवाब दिया, ''बात यह है कि आपके यहाँ जो भैया सा'ब हैं, उन्हें अन्तर्राष्ट्रीय राजनीति का ऐसा अच्छा ज्ञान है कि उन्होंने मुझसे हफ्ते-भर पहले ही कह दिया था कि तुम तैयार रहो। यहाँ का चीनी डॉक्टर भागेगा। मैं तो परसों से बोर्ड वगैरह तैयार किए बैठा हूँ।''

मरीज ने पूछा, ''भैया सा'ब को आप कैसे जानते हैं?''

डॉक्टर ने कहा, ''जानते हैं? अरे साहब, वे मेरे सगे चाचा होते हैं।''

मरीज ने कहा, ''तभी।''

डॉक्टर ने पूछा, ''तभी क्या?''

मरीज ने कहा, ''कुछ नहीं। तभी...देशभक्ति जागी थी।''

एक भूमिका जैसा

[रिटायर्ड भगवान की कथा के सन्दर्भ में]

यह जो कथा मैं लिखना शुरू कर रहा हूँ और पूरी करने की कोशिश भी करूँगा, इसे उपन्यास मानने के लिए आचार्यों को परिभाषा बदलनी पड़ेगी, और वे परिभाषा बदलेंगे नहीं, क्योंकि उन बड़े-बड़े आचार्यों को ऊँची-ऊँची तनखाहें इसीलिए मिलती हैं कि वे चीजों की परिभाषाएँ न बदलने दें। वे आचार्य चाहे साहित्य के हों, इतिहास के, अर्थशास्त्र के, समाजशास्त्र के, न्यायशास्त्र के, जिन्दगी की किसी चीज की परिभाषा नहीं बदलने देने के लिए दिमाग-तोड़ मेहनत करते हैं, पुरस्कार प्राप्त करने का कष्ट उठाते हैं, सम्मान में माला पहनने का त्रास भोगते हैं। देश में यह सर्वव्यापी षड्यंत्र चल रहा है कि नई परिभाषा और नई व्याख्या हो नहीं पाए। बल्कि परिभाषाहीन जीवन और व्याख्याहीन जड़ व्यवस्था चलने देने के

लिए संसद, सर्वोच्च न्यायालय और योजना आयोग से लेकर नीचे तक प्रयत्न चल रहे हैं। जैसे इतिहास के आचार्य को यह सिद्ध करने के लिए धन और यश दिया जाता है कि 'स्वर्गयुग' वाला वह प्राचीन समाज एक द्वन्द्वहीन यानी 'फ्लैट' समाज था, वही आदर्श समाज था, और आज का यह घोर पतित, द्वन्द्वपूर्ण समाज! हाय! पर ऐसे आचार्यों को बृहस्पति भी नहीं समझा सकते कि गुरु, द्वन्द्वहीन समाज नहीं होता। अगर होता, तो आप अभी भी जंगल में नंगे घूमते और बनबिलाव को पकड़कर कच्चा खाते। आचार्य को तो यह परम ज्ञान देना है न कि शोषक और शोषित में द्वन्द्व धर्म और संस्कृति के विरुद्ध है। समझे पापियो?

मगर मुझे साहित्य के आचार्यों की बात करनी चाहिए। ये रसवादी प्रकार के आचार्य हैं। ये रँडुए होकर भी अपने आप हृदय में श्रृंगार रस न जाने कैसे पैदा कर लेते हैं। इन्हें आलम्बन भी नहीं चाहिए शायद, क्योंकि आलम्बन और चेतना का द्वन्द्व होने लगता है। यह द्वन्द्व मार्क्सवादी आलोचकों को ही मुबारक हो। पर रस सिद्धान्त वाले काँइयाँ आचार्य के पास जब शोध-छात्राएँ आती हैं, तब वह तुलसीदास के हवाल से जानता है कि प्रभु 'रमारमन' के बाद ही 'करुणायतन' होते हैं। यही क्रम है रस परिपाक का, मेरे परिचित एक आचार्य ने क्रम में गड़बड़ कर दी, तो करुण रस के आलम्बन हो गए। उन्होंने सुन्दरी, पर मूढ़ छात्रा रमा का थीसिस लिखने का काम एक अत्यन्त तीव्र बुद्धि, पर गरीब शोध-छात्र को दे दिया। वह 'करुणायतन' पहले हो गए। नतीजा यह हुआ कि वह युवा तीव्र बुद्धि छात्र ही 'रमारमन' हो गया। आचार्य टापते रह गए। ये पुरातन आचार्य कहेंगे कि यह जो मेरा लेखन है, इसमें 'धीरोदात्त' तो कुछ नहीं है। देखते हैं, शायद कहीं 'हास्य रस' निकल आए। वैसे यह सब भ्रष्ट साहित्य है।

मार्क्सवादी आलोचक भी कम शास्त्रीय नहीं होते। एक मार्क्सवादी आलोचक ने लिखा था कि महादेवी वर्मा के काव्य में यह जो वेदना है, वह इसलिए है कि उन्हें पैसे की तंगी रहती है। मुझे मार्क्स पर दया आई कि कबीर का वंश कैसे डूब रहा है। प्रयाग के ही एक दूसरे यथार्थवादी ने ठीक ही कहा, "भैया, यह सब रोना, पीड़ा आध्यात्मिक नहीं, शुद्ध दैहिक है। यह परमात्मा के नहीं, पुरुष के लिए उत्कट आकांक्षा की पीड़ा है। अब झूँसी की तरफ जा रही है, तो 'पन्थ रहने दो अपरिचित प्राण रहने दो अकेला' हो ही गया। कोई छोकरा नहीं मिला, जो गीता में चिट्ठी छिपाकर दूसरे मुहल्ले में किसी को दे आए, तो 'कैसे सँदेस प्रिय पहुँचाती' गीत हो गया। ये बड़े दुष्ट यथार्थवादी हैं।

हमारे मित्र प्रखर मार्क्सवादी आलोचक नामवर सिंह ने अभी कहीं कहा है कि मुझसे एक भूल हो गई थी कि मैंने कह दिया था कि निर्मल वर्मा की कहानी 'परिन्दे' हिन्दी की पहली 'नई कहानी' है। साहित्य के इतिहास में पहली बार कोई आचार्य

अपनी भूल मान रहे हैं। नामवर सिंह तो तब यह भूल करके रह गए, पर उन्होंने निर्मल को तो 'बर्ड वाचर' बना दिया। वह बार-बार भाषा के संकट की बात करते हैं और जंगल-जंगल घूमकर पक्षियों की भाषा 'टेप' करते हैं। जो भाषा निर्मल ने 'इवॉल्व' की है, वह ऐसी कोमल है कि छू दो तो खून झिरपने लगे। यह भाषा मुझे मोहित करती है। एक ही दिक्कत है। मुझे गाली देने का काम भी पड़ता है। तो मैं किस भाषा में गाली दूँगा? फिर ये मजदूर वगैरह अपने हकों के लिए लड़ते हैं, जुलूस निकालते हैं, नारे लगाते हैं, गरमागरम तकरीरें करते हैं। ये क्या 'चीड़ों पर चाँदनी' की भाषा में बोलेंगे? इन्हें अपने काम की भाषा कौन देगा? मैं यह बात अपने एक साहित्यिक मित्र से कर रहा था, वहीं एक 'ठेठ' मजदूर नेता बैठा था। उसने कहा, "साहब, आप हमें भाषा देनेवाले कौन होते हैं? और, आप लोगों से भाषा माँगता कौन है? भाषा हम बनाते हैं। आप उसे सीखिए, वरना आपको कोई नहीं पूछेगा!"

निर्मल की कहानियों का मैं प्रशंसक हूँ। मैंने नामवर सिंह से तभी कहा था कि 'लन्दन की एक रात' छोड़कर बाकी कहानियों का संस्कृत में अनुवाद कर दिया जाए, तो किसी शोध-छात्र को डॉक्टरेट मिल जाएगी। वह सिद्ध कर देगा कि कालिदास का एक एक छोटा भाई निर्मलदास यशोवर्मा था, जिसने ये कहानियाँ लिखी हैं।

यह मैं क्या कर रहा हूँ? पहले अध्याय में, भूमिका में, कांड में तो मंगलाचरण होना चाहिए, मगर मैंने अभी तक 'वन्दे वाणी विनायकौ' नहीं किया। यह भी नहीं कहा कि 'काव्य विवेक एक नहिं मोरे।' तुलसीदास से तो किसी ने कुछ नहीं कहा, पर मुझसे कोई कह देगा—काव्यविवेक नहीं है तो क्यों स्टेशनरी बरबाद करता है? देखता नहीं, स्कूलों में लड़कों को कॉपियाँ नहीं मिल रही हैं। मैं मजबूर हूँ जिन 'नाना पुराण निगमागम' से मेरा परिचय है, उन्हीं से अमृत-रस खींचूँगा। अलीबाबा चालीस चोर, गुलबकावली, किस्सा तोता-मैना वगैरह के सिवा कोई पुराण नहीं जानता। हिन्दी-लेखकों की दुनिया को देखकर, इसके कौतुक देखकर, कुछ लोग दुखी होते हैं, परेशान होते हैं। मैं नहीं होता, मजा लेता हूँ—विधि के बनाए जीव जेते जहाँ लगि खेलत फिरत तिन्हें खेलन फिरन दें।

मुझे मजा आता है जब कोई लेखक मिलता है और साहित्य का नहीं, साहित्यकार का 'शास्त्रीय' विवेचन करता है। साहित्य का एक तीर्थ-क्षेत्र है। जो भी आदमी वहाँ से आता है, दो लेखकों की चर्चा जरूर करता है। दोनों प्रकाशक हैं। यह शोध का विषय है कि लेखक होने से प्रकाशक है या प्रकाशक होने से लेखक है। सम्बन्ध आपसी मधुर हैं। सिर्फ लेखक होते, तो आपस में बोलचाल नहीं होने से काम चल जाता, प्रकाशक भी हैं, इसलिए देखादेखी भी नहीं है। लोग चाहे जो कहते रहें, मुझे

दोनों बड़े प्यारे लगते हैं। बड़े आत्मविश्वासी हैं। आत्मविश्वास कई तरह का होता है—धन का, बल का, विद्या का, पर सबसे ऊँचा आत्मविश्वास मूर्खता का होता है। मूर्खता के भी दर्जे हैं। अपढ़ता मूर्खता नहीं है। सबसे बड़ी मूर्खता है—यह विश्वास लबालब भरे रहना कि लोग हमें वही मान रहे हैं,जो हम उन्हें मनवाना चाहते हैं, जैसे—हैं फूहड़ मगर अपने को बता रहे हैं फक्कड़ और विश्वास कर रहे हैं कि लोग हमें फक्कड़ मानते हैं। यह विश्वास परम मूर्खता है। आध्यात्मिक मूर्खता है यह। ये दोनों वरिष्ठ सुनामधन्य आध्यात्मिक स्तर पर पहुँचे हुए हैं। अब यह कोई बात नहीं है कि ये स्वार्थी हैं। स्वार्थी कौन नहीं है? जो आदमी दूसरे का नुकसान किए बिना अपना स्वार्थ साध ले, वह ठीक-ठीक आदमी है। बुरा नहीं। जो दूसरे का नुकसान करके अपना भला साध ले, वह जरूर बुरा आदमी है। वह और बुरा है जो अपना भला न होता हो, तो भी दूसरे का बुरा करता है और वह तो श्रेष्ठतम नीच है जो अपना नुकसान करके भी दूसरे का बुरा करता है। इसका सबसे अच्छा उदाहरण दिया है तुलसीदास ने—

परा अकाज लगि तनु परिहरही,
जिमि हिम उपल कृषी दल गरही।

दूसरे का काम बिगाड़ने के लिए अपने को नष्ट कर देंगे, जैसे ओले खुद चाहे गल जाएँ, पर फसल को चौपट कर देंगे।

ये दोनों उम्दा आदमी हैं। एक हैं जो मिलते ही दम्भ से भरा अट्टहास करते हैं—यानी टुच्चे, तू ऐसा अट्टहास नहीं कर सकता। इन्हें अपने 'सेंस ऑफ ह्यूमर' पर भी विश्वास है। ये पाँच मिनट तक यह कहकर अट्टहास करते रहेंगे कि शाम को मैं तीन आइसक्रीम खा गया। सामनेवाले का त्रास यह होता है कि वह यह भंगिमा धारण किए रहे कि मैं इस साल का सबसे बड़ा मजाक सुन रहा हूँ।

दूसरे खिसियाकर दुर्बल हँसी हँसते हैं—उस बिल्ली की तरह जो रोटी के टुकड़े की गन्ध लेती रहती है। ये निन्दा के द्वारा अपना और मिलनेवाले का मनोरंजन करते हैं। निन्दा वे अट्टहास करनेवाले भी करते हैं, पर इस तरह कि मैंने फलाँ-फलाँ को 'ठोंक' दिया। ये इस तरह निन्दा करते हैं कि फलाँ-फलाँ से मैं 'ठुक' गया। वे यह तेवर रखते हैं कि मैं सता सकता हूँ, इसलिए मुझे मानो। ये यह धजा बनाते हैं कि मैं सताया हुआ हूँ, इसलिए मुझे मार लो भैया। दोनों बड़े मजे में मौके-मौके से 'हाई ब्रो' और 'लो ब्रो' हो लेते हैं।

दोनों ही अच्छे हैं, केवल अपनी प्रतिध्वनि सुनते हैं। इनकी बैठक की दीवारों की मरम्मत हर साल होती है, क्योंकि इनकी ध्वनि से दीवारों में दरारें पड़ जाती हैं।

दोनों की आइडियालॉजी हैं। यह जब भुन्नाते हैं, तो मार्क्स सहम जाते हैं। बार-बार लिखते हैं—मैंने अमुक सन् में कम्युनिस्ट पार्टी छोड़ दी थी। हुश्ट। इनके

विचारों से बाला साहब देवरस खुश रहते हैं। कमाल यह है कि ये देवरस और राजेश्वर राव, दोनों से लाभ प्राप्त करने की कोशिश करते हैं।

दूसरे सारे दावे कर लेते हैं। आइडियालॉजी के पक्के हैं—यानी एक बार मना करेगा, दो बार मना करेगा, पर जब सौ बार जाऊँगा, तो साला पिंड छुड़ाने के लिए दे ही देगा।

दोनों अच्छे लेखक हैं। शास्त्रोक्त लिखते हैं। एक का उपन्यास यह होता है—एक अधेड़ और बीमार आदमी की जवान और स्वस्थ बीबी है। वह सँभलती नहीं, तो वह अपने दोस्त की जवान लड़की पर डोरे डालता है। पर लड़की का एक युवा प्रेमी है। तो अधेड़ बीमार वीरतापूर्वक उस युवक से संघर्ष करता है। इस संघर्ष के परिणामस्वरूप वह लड़की और बीबी, दोनों युवक को समर्पित कर देता है जिससे युवक को तपेदिक हो जाता है। इस कथा से क्या शिक्षा मिलती है? मनुष्य एक बीमार जानवर है।

दूसरे का भी जमा हुआ है। वह जानते हैं कि भारत में जमींदार है। जमींदार है, तो उसका नौकर भी होगा। नौकर है, तो उसकी खूबसूरत बीबी भी होगी। अब खूबसूरत बीबी है, तो जमींदार उसके साथ चोरी-छिपे सोता ही होगा। जब अकसर उसके साथ सोता है, तो किसी दिन नौकर देख ही लेगा। देख लेगा, तो उसे गुस्सा करना ही पड़ेगा। वह लाठी उठाएगा। जमींदार बन्दूक उठा लेगा। नौकर भागकर सड़क पर चिल्लाएगा। इस कथा से क्या शिक्षा मिलती है? फॉर्मूला जिन्दाबाद। मैंने अपने एक बहुत प्रबुद्ध दक्षिण भारतीय मित्र को उपन्यास पढ़ने को दिया था। पढ़कर वह बोले, 'वंडरफूल!' मैं खुश हुआ। वह आगे बोले, 'आई डोंट नो एनी अदर राइटर हू राइट्स ट्रेश विद सच जेनुइन एन्थूजियाज्म।'

दोनों में देखादेखी नहीं है, पर किताबें दोनों को बेचना है। यहाँ मेल होता है। हर साल एक विभाग पुस्तकों की हजार-डेढ़ हजार प्रतियाँ खरीदता है। इस खरीदनेवाली कमेटी के सचिव मेरे दोस्त। लेखक नहीं। यारबाश आदमी। मैं उनके घर बैठा गप्पें कर रहा था। तभी उनमें से एक का विजिटिंग कार्ड लेकर चपरासी आया। दो मिनट बाद दूसरे का कार्ड आया। सचिव दोस्त ने कहा, "यार, तुम लेखकों का भी अजब हाल है। सम्मान लेखक का चाहते हैं और घिघियाते बनिए की तरह हैं। ये दोनों लेखक किताब बेचने आए हैं।" मैं उठा, मैंने कहा, "मेरा यहाँ रहना ठीक नहीं है। वे दोनों मेरे आदरणीय हैं। तुम उन्हें बुला लो।" मैं दूसरे दरवाजे से खिसक गया।

यह मैं कोई द्वेषवश नहीं लिख रहा हूँ। इन दोनों ने मेरा कोई नुकसान नहीं किया है। बड़े प्रेम से मिलते हैं। आगे भी प्रेम रहेगा। यह लिख इसलिए गया कि मैं मनुष्य से प्यार करता हूँ। अद्‌भुत है मनुष्य! कैसा-कैसा होता है! हर एक का

अध्ययन करना कितना दिलचस्प होता है! सियाराम मय सब जग जानी, करौं प्रणाम जोरि जुग पानी।

वैसे तो चौरासी वैष्णवन की लम्बी वार्ता है। कितनी कथा कहाँ ताईं कहिए?

पर विधि के बनाए जीव मिल जाते हैं। चार-पाँच साल के लिए हिन्दी में कुछ कवि क्रान्तिकारी, घोर विद्राही, हो गए थे। वे इस सभ्यता से नाराज थे। व्यवस्था के प्रति विद्रोही थे। क्रान्ति करना चाहते थे। पर इनकी कविताएँ जुगुप्सा पैदा करती थीं। कालिदास, जयदेव, विद्यापति ने स्वस्थ स्त्री-पुरुष के सहवास का वर्णन किया है। इन कवियों की क्रान्ति भी स्तन और योनि पर ही होती थी। पर ये सिफलिस और गनोरिया बिना क्रान्ति-कर्म की कल्पना ही नहीं करते थे।

यह वह समय था जब अमरीका में हर्बर्ट कार्क्यूस के चेले-चेली होचीमिन्ह, चे गुवयारा के बड़े-बड़े चित्र लेकर जुलूस निकालते थे और इन्हीं क्रान्तिकारियों की छाया में भद्दे यौन प्रदर्शन करते थे। नियो-लेफ्ट! नव वाम!

तो तब के हिन्दी के एक क्रान्तिकारी कवि ने लिखा था—"मैं पत्नी के मासिक धर्म को चाटना चाहता हूँ।" जी हाँ, यह क्रान्ति ही है। अभी वह कई साल बाद मोटी पत्नी और बच्चे के साथ मिल गए। पालतू हो गई क्रान्ति। क्रान्ति की बिल्ली बासी रोटी खा लेती है। मुझसे उस शालीन स्त्री की तरफ देखा नहीं जाता था। यह आदमी इसके साथ 'वो' करने को कहता था। शायद किया हो।

एक कवयित्री भी थीं। उन्होंने लिखा था—"मैं मनुष्य की अपेक्षा कुत्ते के साथ सम्भोग पसन्द करूँगी।" वे भी अभी मिलीं। साथ में चौदह-पन्द्रह साल का बेटा था। मैं उस लड़के से डर रहा था, कहीं यह भौंककर काट न ले।

विधि के बनाए जीव हैं।

इस भूमिका में न जाने क्या-क्या कह गया! न समझे खुदा करे कोई।

जो कथा आगे लिखूँगा, यह 'साहित्य' कहलाने की बदतमीज कोशिश करेगी। इसलिए 'साहित्य' और 'कार' की सेवा में ये कुछ पवित्र शब्द अर्पित किए।

रिडायर्ड भगवान से भेंट आगे कराऊँगा। तब तक भक्तगण—'जब जब होय धरम की हानी' जपते हुए 'धरम की हानी' का सिलसिला जारी रखें।

तीसरी आजादी का जाँच कमीशन-1

इन दिनों मैं ईमानदारी से बहुत पीड़ित हूँ। नहीं, पेचिश की तरह मुझे ईमानदारी की बीमारी नहीं हुई है। पेचिश तो उन्हें हो रही है जिन्होंने वादे किए। मैंने कोई वादा नहीं किया। अभी मैंने अखबार में पढ़ा कि एक मंत्री रेस्ट हाउस पहुँचते ही बाथरूम में चले गए। बाहर माँग पेश करनेवाले लोग थे। वे गए तो मंत्री बाहर निकले। तभी दूसरा जत्था माँग करनेवालों का आया तो वे फिर बाथरूम में घुस गए। 5-6 बार देखकर रेस्ट हाउस का खानसामा उनके लिए डिनर में दही और खिचड़ी ले आया। मंत्री बहुत नाराज हुए और मुर्गा लाने को कहा। रेल में चढ़े तो हर स्टेशन पर पाखाने में घुस जाते—माँग करनेवालों से रक्षार्थ।

तो पेचिश तो वादे करनेवालों को हो रही है और बाथरूम के किले में बन्द होकर वे बचाव कर रहे हैं। बाथरूम पर हमला नहीं होता। इतनी लड़ाइयाँ हुई हैं,

किले तोड़े गए हैं, पर इतिहास में कहीं उल्लेख नहीं है कि बाथरूम पर गोला दागा गया। हिटलर तो बेवकूफ था। आत्महत्या क्यों की? बाथरूम में घुस जाता।

मुझे यह शिकायत नहीं है। मैं परेशान हूँ अपने आसपास की ईमानदारी से, ईमानदारी के देशव्यापी वातावरण से। यह मौसम मेरे स्वास्थ्य को रास नहीं आता। आखिर 'दूसरी आजादी' के हमारे भाग्य-विधाता इतने ईमानदार होकर हमें क्यों तंग कर रहे हैं! हमने क्या बिगाड़ा है! इन्होंने हमें समझा दिया है और हम मान गए हैं कि तीस साल तक हमारे रहनुमा बेईमान और स्वार्थी थे। अब ये नए भाग्य-विधाता बिल्कुल ईमानदार हैं। अखबार पढ़ता हूँ तो इनकी ईमानदारी के बयान और काम पढ़ता हूँ। वही रेडियो पर। कहाँ भाग जाऊँ मैं इस जालिम ईमानदारी से बचकर। कोई सूरत नजर नहीं आती। मैं हाथ जोड़कर कहता हूँ, हे भाग्य-विधाता, हमसे बर्दाश्त नहीं होता। हमारी क्षमता भी तो देखो। हम इतनी ईमानदारी पचा भी पाएँगे? रोगी को देखकर पथ्य दिया जाता है। हम तीस सालों से उपवास कर रहे थे और तुम हमारा उपवास तुड़वा रहे हो पकौड़ों से। लंघन तुड़वाते हैं तो पहले मूँग की दाल का पानी देते हैं। तुम भी हमें धीरे-धीरे ईमानदारी दो। लो, यह ईमानदारी का पानी पियो। अच्छा, अब यह ईमानदारी की पतली खिचड़ी खाओ। पच गई? ठीक। अच्छा, अब यह ईमानदारी छौंकी हुई खाओ। थोड़ा चूरन भी ले लो। अच्छा, अब यह ईमानदारी का भरवाँ बैंगन खाओ। ऐसा धीरे-धीरे करना था। तुम तो मोतियाबिन्द के ऑपरेशन के बाद एकदम तेज रोशनी आँखों पर डालते हो। हमें बर्दाश्त हो सके, इतनी ईमानदारी चाहिए। तुम बाद में जी भरकर ईमानदार हो लेना। जो ईमानदार होने पर आमादा हो, उसे कौन रोक सकता है।

मुझे स्वीकार है कि तीस सालों तक बेईमानों का शासन था। पर इन नए ईमानदारों में से लगभग आधे उन बेईमानों के साथ सत्ता में थे, बीस साल। इन्हें 1969 में बोध हुआ—अरे, हम तो बेईमानों के साथ हैं। ये अलग हो गए। तो दो-तिहाई बेईमान हुए और सिर्फ एक-तिहाई ईमानदार। कुछ को मार्च 1977 में बोध हुआ कि हम तो बेईमानों के साथ अभी तक रहे। इनमें एकाध ग्राम ही ईमान होगा। कुछ वे हैं जो 1967 में संविद शासन में सत्ता में शोभित हुए। ये बेईमानी के कारण सत्ता से हटे। ये बहादुर भी हैं। भैया, तब तुम बहादुर क्यों नहीं हुए? तब डर था। अब बहादुर क्यों हो गए? क्योंकि अब हम खुद डरावने हो गए हैं। तो भैया, बहादुरी की परिभाषा क्या है? डर हो तब दबे रहना और जब डर न हो, तब लट्ठ घुमाना।

फर्क क्या है? ये उसी पुराने कारखाने के ईमानदार हैं, जिसके भागीदारों में झगड़ा हो गया। कारखाना एक ही और माल भी एक ही। 'सूरज छाप' माल बाजार में बदनाम हो गया था तो लेबिल बदलकर उसे 'चाँद छाप' कर लिया। कुछ वे हैं जो उस बड़े कारखाने के आसपास अपनी छोटी 'एंसिलरी इंडस्ट्री' खोले थे और

नट-बोल्ट सप्लाई करते थे। अब ये बड़े सत्ता कारखाने में भागीदार हो गए हैं। हम तो विज्ञापन के चलाए चलते हैं। इस नए विज्ञापन में सजा हुआ नया छबीला शासन सिगरेट लिये है और सुन्दरी जनता उसे सुलगा रही है--मेड फॉर ईच अदर।

बेईमानी की जगह ईमानदारी फिट करने की प्रक्रिया चालू है। दूसरी आजादी आई है। एक क्रान्ति हुई है। एक प्रदेश की सरकार ने सारी सहकारी समितियाँ भंग कर दीं। कहा—इनमें कई सालों से बेईमान जमे हुए हैं। बिल्कुल ठीक। अब इनमें सरकार ने अपनी पार्टी पदाधिकारी नामजद कर दिए। तब लोगों ने शोर मचाया कि हम इन्हें जानते हैं। ये ख्याति-प्राप्त बेईमान हैं। मुझ जैसा मूढ़ आदमी भी सोचता है—क्या एक बेईमान की जगह दूसरा बेईमान फिट करना ही दूसरी आजादी है, क्रान्ति है ? हम क्या जुते हुए घोड़े हैं ? पहले कोचवान को दूसरे ने ढकेल दिया और खुद बैठकर हाँकने लगा। चाबुक मारकर कहता है—दौड़ रे घोड़े, क्रान्ति हो गई। हमारी शायद यही नियति है कि एक बेईमान के हाथ से दूसरे बेईमान के हाथ में ट्रांसफर होते रहें। यह बेईमानी का 'रोलिंग प्लान'—अनवरत योजना है।

तब एक युवक के फोटो सहित दीवार पर पोस्टर चिपकता था--युवकों का नेता। अब एक बूढ़े की फोटो सहित पोस्टर चिपकता है—किसानों का नेता। पहले ट्रक भर-भरकर लोग उसकी जय बोलने लाए जाते थे, अब इनकी जय बोलने लाए जाते हैं। लड़का बाप का वारिस होता आया है, मगर देख रहा हूँ बाप बेटे का वारिस होने लगा। तब पोस्टरों पर एक बेवकूफ जवानी थी, अब कठोर झुर्रियाँ हैं। बेवकूफ जवानी से छूटकर कठोर झुर्रियों की हुकूमत में आना ही क्रान्ति है। अतिशासन से शासनहीनता के दौर में आ जाना भी क्रान्ति है। भूतपूर्व की जगह अपूर्व ने ले ली।

सब तोते हैं। रटा-रटाया बोलते हैं। वे भी बोलते थे। ये भी बोलते हैं। ये तोते पिंजड़े में बन्द थे। हमने याने जनता ने पिंजड़ा खोलकर इन्हें मुक्त कर दिया। ये उड़कर पेड़ की डाल पर बैठ गए और चिल्लाने लगे—सीताराम। सीताराम। सब भयहीन हो जाओ। डरो मत। हमने तुम्हें आजाद किया है। सीताराम। सीताराम। हम तुम्हारी रक्षा करेंगे। तुम जरा उस 'औरत' को देखते रहना। वह यहीं कहीं आसपास होगी। कहीं फिर जाल न फैला दे। सीताराम। सीताराम। तुम निर्भय हो जाओ। हम तो अभी थोड़ा डरेंगे।

इन्हीं महीनों में जापान में जिस पार्टी की सरकार 28 साल से थी, वह हार गई। दूसरी पार्टी की सरकार आ गई। इस्राइल में 29 सालों से एक पार्टी की सरकार थी, वह पार्टी भी हार गई। दूसरी पार्टी की सरकार आ गई। इन देशों में सरकार बदली है। पर भारत में दूसरी आजादी आई है। क्रान्ति हुई है। यहाँ सफाई दरोगा अगर नौकरी से निकाल दिया जाए, तो उसे कॉरपोरेशन में क्रान्ति कहेंगे।

दूसरी आजादी लानेवाले सब दावेदार प्रणम्य हैं। जिन्दाबाद कुल नौ महीने में मुर्दाबाद हो गया। जनता की भावनाओं के गर्भ में बीज तो जिन्दाबाद का डाला गया था, पर पैदा मुर्दाबाद हो गया। मगर दावेदार जहाँ-के-तहाँ। अंडरग्राउंड थे? जी हाँ। कौन-सा पराक्रम किया? किसी से पाँच पत्थर भी फिंकवाए? नहीं, हम सिर्फ अपने को छिपाए रखे। जनता बहुत डरी हुई थी। नेताविहीन हो गई थी। मई सन् 1942 में भी तो सारे नेता जेल में थे। पर तब जनता ने थानों को जला दिया था, जिलों पर अपना शासन स्थापित कर लिया था। लाखों आदमी बिना नेता के जेल चले गए थे। जनता क्या कायर होती है, वीरवर? और पाकिस्तान में टैंकों से जनता लड़ी। बुरका छोड़कर औरतें लड़ीं। यह क्या कायर जनता है?

मगर दावेदार नहीं मानेंगे। सबसे कॉमिक रोल क्रान्तिकारी बुद्धिजीवी का है। वह यह है कि जो अपने को ईमानदार और वीर कह ले, वह हुआ। जो नहीं कहे, वह बेईमान, दब्बू, पिछलग्गू, स्वार्थी वगैरह सब हुआ। परमवीर चक्र अपने सीने पर अपने ही हाथों से खोंसना पड़ता है। कोई दस को बेईमान कहे तो कहनेवाला खुद ईमानदार सिद्ध हो जाता है। नए मंत्रियों की पत्नियों के पास जाते हैं पेंसिल-कॉपी लेकर बुद्धिजीवी। मंत्रीजी को खाने में क्या पसन्द है? हमारे उनको तो चटपटी सब्जी भाती है। रबड़ी भी बहुत पसन्द है। मंत्रीजी का घर में कैसा व्यवहार है? कभी-कभी गुस्सा करते हैं। राम-राम कहो भैया। इत्ता अच्छा स्वभाव है कि कुछ पूछोई मत। चालीस साल हो गए, कभी हमसे कड़ी बात नहीं कही। गुलाब की छड़ी से भी नहीं मारा हमें। बच्चों को तो भौतई चाहते हैं। ऐसे हैं हमारे वो। यह छपा दिया बुद्धिजीवी ने।

क्रान्ति करने के दावेदार ऐसे हैं। तब मंत्री के चरण छूते हुए फोटो खिंच गई थी। उसे उन्होंने उलटा टाँग लिया है। कहते हैं—मैं इस तानाशाह के पाँवों पर चोट कर रहा था। पाँव तोड़ रहा था। और क्या करते रहे? बाथरूम में रोज सौ गालियाँ उस तानाशाह को देता था। नल गवाह है। और चुपचाप मारण मत्र का जप करता था। और 'दुर्गाजी' कहता रहा हूँ। तब उस प्रधानमंत्री के लिए और अब दुर्गा भागवत के लिए। मैं अटल हूँ। स्वर नहीं बदलता। चाहे कोई सरकार हो, मैं 'हें-हें' ही करता हूँ।

शायद बर्नार्ड शॉ ने कहा है—जो कर सकता है, वह करता है। जो नहीं कर सकता, वह सिखाता है। इसी तरह जो शासन समस्याएँ हल कर सकता है, करता है। जो नहीं कर सकता, वह जाँच कमीशन बिठाता है। कमीशन यों उचित चीज है। वह गम्भीर बात भी है। पर उसे 'झुनझुना जाँच' भी बना सकते हैं। बच्चा भूखा है। रोता है। बाप कहता है—पता नहीं तेरी माँ फीडिंगबाटल कहाँ रख गई। ले, अभी तो झुनझुना सुन और चुप रह। शासन एक रेलगाड़ी है। वह चलती है। शासक

रेलगाड़ी में बैठे हैं। न वे चलते हैं, न गाड़ी को चलाते हैं। वे समय काटते हैं। मुसाफिर समय काटने के लिए मूँगफली खाता है—टाइम पास। नए शासकों के लिए जाँच कमीशन मूँगफली है—टाइम पास।

दूसरी आई है तो तीसरी आजादी भी आएगी। सब रहेंगे। मारुति कांड था तो सुग्रीव कांड हो जाएगा। किष्किन्धा में कमी थोड़े ही है। तीसरी आजादी में भी सब रहेंगे। कायर भी रहेंगे। टायर भी रहेंगे। तब कायर टायर हो जाएँगे। और जमूरे भी रहेंगे। जमूरे! हाँ उस्ताद। सब बताएगा? बताऊँगा उस्ताद! साहब लोगों का दिल खुश करेगा? करूँगा उस्ताद!

दूसरी आजादी के जाँच कमीशनों के माध्यम से बहुत-सी बातें सामने आ जाएँगी। आपातकाल लागू करना, बन्दिशें, सेंसर, अत्याचार आदि। एक दौर की जाँच-पड़ताल पूरी हो रही है।

तीसरी आजादी में इस दूसरी आजादी के दौर पर जाँच कमीशन बैठेगा। इसकी एक कल्पना आगे होगी।

तीसरी आजादी का जाँच कमीशन-2

जाँच कमीशन की सुनवाई शुरू थी। कमीशन को सुझाव दिया गया था कि सबसे पहले 'लोकनायक' जयप्रकाश नारायण की बात सुनी जाए। अगर पहली आजादी का जाँच कमीशन बैठता, तो वह सबसे पहले गांधीजी को बुलाता। राम जेठमलानी ने कमीशन को लिखा था कि दूसरी आजादी के शासकों से मैंने बार-बार कानूनी ऊटपटाँग करा उनके पतन में योग दिया था। जयप्रकाश की राजनीतिक दुस्साहसिकता के बाद मेरी कानूनी दुस्साहसिकता शुरू हुई थी, इसलिए अगर जयप्रकाश को सबसे पहले नहीं बुलाया गया, तो मैं हेग के अन्तर्राष्ट्रीय न्यायालय में चला जाऊँगा।

कमीशन ने जयप्रकाश को ही सबसे पहले बुलाया। पटौदी हाउस के अहाते में भारी भीड़ थी। 'जिन्दाबाद' और 'मुर्दाबाद' के नारे लग रहे थे। पुलिस थी, आँसू

गैस थी, बन्दूकें थीं। जयप्रकाश कार से उतरे। वह पूर्ण स्वस्थ थे। उनके दाहिने तरफ नानाजी देशमुख थे, जो रूमाल से अपना मुँह ढके थे, जैसे कोई-कोई बलात्कारी कचहरी में अपना चेहरा छिपा लेते हैं। दूसरी तरफ चन्द्रशेखर दाढ़ी मुड़ाए थे, जैसे कोई-कोई मुँहबोली नानी की मौत पर मुंडन करा लेते हैं।

कमीशन के सचिव : लोकनायक जयप्रकाश नारायण गवाह की जगह पर आएँ।

जयप्रकाश : यहाँ जयप्रकाश नारायण हैं, पर वह लोकनायक नहीं हैं। लोक-नायक का खिताब मैंने तभी घबराकर छोड़ दिया था।

सचिव : अच्छा, केवल जयप्रकाश नारायण।

जयप्रकाश : यह 'केवल' क्या है? क्या इसका मतलब 'ओनली' है? मैं 'ओनली' जयप्रकाश नारायण नहीं हूँ। 'लोनली' जरूर हो गया हूँ। आप मुझे जयप्रकाश कहिए। मैंने 'नारायणत्व' भी त्याग दिया है। मैंने सब त्याग दिया है। अब मैं विनोबा की तरह सिर्फ स्वास्थ्य और अध्यात्म पर बात करता हूँ।

कमीशन : अच्छा, जयप्रकाशजी, आप यह बताइए कि क्या आप दूसरी आजादी लाए? यानी, क्या आपके नेतृत्व में आन्दोलन के फलस्वरूप दूसरी आजादी आई?

जयप्रकाश : आई प्लीड नॉट गिल्टी। मैं बेकसूर हूँ। दूसरी आजादी मेरे बावजूद आ गई। मुझे कतई उम्मीद नहीं थी कि ऐसी दुर्घटना हो जाएगी। लोगों ने व्यर्थ मेरे ऊपर तोहमत लगा दी और मैं बदनाम हो गया।

कमीशन : पर सम्पूर्ण क्रान्ति का नारा तो आपने ही दिया था?

जयप्रकाश : सही है, पर रिकॉर्ड है कि पूरी जिन्दगी मैंने वही नारा दिया, जो हो नहीं सकता। यह मेरी आदत है और नियति भी। 1952 के पहले आम चुनाव में मैंने नारा दिया था कि प्रजा समाजवादी दल सरकार बनाएगा। मेरे साथी अशोक मेहता ने ऐलान किया था—वी विल स्वीप दि पोल्स। इस मुहावरे ने ही हमारे साथ मजाक किया। चुनाव के बाद एक कार्टून छपा था, जिसमें अशोक को मतदान-घेंद्र पर झाड़ू लगाते दिखाया गया था। हमारी पार्टी की खटिया खड़ी हो गई। पार्टी का टूटना शुरू हुआ। मैं छिटककर विनोबा के पास चला गया। मैंने भूदान का नारा विनोबा के साथ दिया, पर भूमि नहीं मिली। ग्रामदान का नारा दिया, ग्राम नहीं मिले। मैं देशदान का नारा भी दे रहा था, पर जवाहरलाल ने नहीं

देने दिया। मैंने जीवनदान का नारा दिया, पर मेरे सिवा किसी ने जीवन नहीं दिया। आखिर मैंने ही अपना जीवन वापस ले लिया। मैंने पार्टीहीन लोकतंत्र का नारा दिया, वह नहीं हुआ। मैंने बुनियादी लोकतंत्र का नारा दिया, वह नहीं हुआ। मैंने जनेऊ तोड़ने का नारा दिया, पर लोगों ने दो-दो जनेऊ पहन ली। मैंने नारा दिया—जाति तोड़ो, तो ऊँची और नीची जातिवालों में आपस में सिर-फुटौवल होने लगी। जो मैंने कहा, वह कभी नहीं हुआ। मेरे चाल-चलन का ऐसा बढ़िया रिकॉर्ड है। जीवन में पहली बार न जाने क्या उलटा-सुलटा हुआ कि सरकार बदली और इसका कलंक मेरे माथे मढ़ दिया गया। मैं बेकसूर हूँ।

कमीशन : आपने सम्पूर्ण क्रान्ति का नारा दिया था?

जयप्रकाश : हाँ। मैंने नारा दिया था कि 'सम्पूर्ण क्रान्ति अब नारा है, भावी इतिहास हमारा है।' मैंने विगत और वर्तमान इतिहास को एकदम काट दिया था।

कमीशन : सम्पूर्ण क्रान्ति क्या है? इसकी व्याख्या कीजिए।

जयप्रकाश : मैं नहीं जानता। जिन्दगी में जो भी मैंने किया, उसकी व्याख्या कभी नहीं कर सका। मेरे साथ यही दिक्कत है। मैं एक व्याख्याहीन जिन्दगी जीता रहा हूँ।

सरकारी वकील : क्या सम्पूर्ण क्रान्ति की कोई आइडियालॉजी थी?

जयप्रकाश : नहीं, आइडियालॉजी मेरी ही कभी नहीं रही। लोग कहते हैं, मेरी आइडियालॉजी 'कनफ्यूनिज्म' रही है।

कमीशन : यानी 'कनफ्यूशियस' से इसका सम्बन्ध है?

जयप्रकाश : नहीं, 'कनफ्यूजन' से।

कमीशन : क्या सम्पूर्ण क्रान्ति के लिए आपका कोई संगठन था?

जयप्रकाश : नहीं, संगठन मैं क्यों बनाने लगा! मैं तो संगठन तोड़ने का काम करता हूँ। समाजवादियों का संगठन तोड़ने का क्रम मैंने ही शुरू किया था। फिर मैंने सर्वोदय को भी तोड़ा।

सरकारी वकील : तो फिर आपके साथ सम्पूर्ण क्रान्ति करने को कौन था? क्या समाजवादियों का संगठन था?

जयप्रकाश : वकील साहब, आप तो जेठमलानी की तरह ही अनजान हैं। अरे साहब, समाजवाद में संगठन नहीं बनता, नेता बनता है। सब नेता होते हैं। सब लड़ाकू होते हैं, पर यह

नहीं जानते कि किससे लड़ रहे हैं। समाजवादी के साथ संगठन नहीं होता, भीड़ होती है, जो बदलती जाती है। उसके पास कार्यक्रम नहीं, मुहावरे होते हैं। समाजवादी मेरे साथ नहीं थे, कांग्रेस के खिलाफ थे, वे जयप्रकाश समर्थक नहीं, इन्दिरा-विरोधी थे। वे इसी एक्सीडेंट से मेरे साथ हो गए।

कमीशन : तो फिर कौन संगठन था आपके साथ?

जयप्रकाश : बताता हूँ। एक दिन मेरे पास जनसंघ के नेता नानाजी देशमुख आए। बोले, 'इन्दिरा गांधी संघ को फासिस्ट कहती हैं। क्या आप भी उसे फासिस्ट मानते हैं?' मैंने कहा, 'मैं उस हर चीज को नहीं मानता जो इन्दिरा या कम्युनिस्ट कहते हैं। फिर नानाजी, तुम मुझे इतने प्यारे लगते हो कि तुम फासिस्ट हो, तो मैं भी फासिस्ट होना पसन्द करूँगा। कम्युनिस्ट और फासिस्ट में चुनाव करना पड़े तो हम फासिस्ट को चुनेंगे। हमारा समाजवाद यही है।' तब नानाजी ने कहा, 'देखिए, आपके पास संगठन नहीं है और हमारे पास लोकनायक नहीं है। तो हम मिल जाएँ।' मैंने उनकी बात मान ली।

कमीशन : तो क्या संघ ने सम्पूर्ण क्रान्ति के लिए संघर्ष किया?

जयप्रकाश : नहीं, संघर्ष नहीं किया। 'डूब पड़े तो हर गंगा' बोलने लगे। संघ के लोगों को संघर्ष की ट्रेनिंग नहीं है। वे कष्ट नहीं उठा सकते। वे लड़ाकू भी नहीं हैं। वे केवल संगठित षड्यंत्रकारी हैं। वे जानते हैं कि सोलह महीने जेल में रहना पड़ेगा, तो वे पहले ही युवक कांग्रेस में भर्ती हो जाते। जेल में बेचारे बड़े दुखी रहे। बहुतों ने माफी माँग ली।

कमीशन : अच्छा, आपको आन्दोलन चलाने के लिए पैसा कहाँ से मिला?

जयप्रकाश : यह नहीं बताऊँगा। शपथ ली थी। आई एम अंडर ओथ।

सरकारी वकील : क्या विदेशी पैसा भी मिला था?

जयप्रकाश : नहीं बताऊँगा। आई एम अंडर ओथ।

कमीशन : आपने आन्दोलन क्यों चलाया? कारण क्या था?

जयप्रकाश : कारण कई थे। पहला तो यह कि मैं बेकार था। नक्सलवाद को रोकने की असफल कोशिश मैं कर चुका था। बेकार बैठा था। जमुहाई आती थी। दूसरा कारण यह कि महँगाई,

भ्रष्टाचार आदि के नारे लगाकर कोई पागल भी भीड़ इकट्ठी कर सकता था और उससे पत्थर फिंकवा सकता था। मैंने सोचा कि मैं तो ऑल इंडिया हैसियत का...

कमीशन : क्या?

जयप्रकाश : पागल नहीं, नेता। मैं ऑल इंडिया हैसियत का नेता हूँ, लोगों के इस 'मूड' का फायदा क्यों न उठाऊँ! तीसरा कारण यह है कि मैं इंदिरा गांधी से नाराज था। मैं उनका चाचा जैसा हूँ, पर वे मेरी अवहेलना करती थीं। उनकी बुआ विजयलक्ष्मी भी इसी कारण उनसे नाराज थी।

सरकारी वकील : कोई राजनीतिक कारण भी था?

जयप्रकाश : हाँ, मैं इन्दिरा सरकार को उखाड़ना चाहता था।

सरकारी वकील : यह तो अमेरिका और पश्चिमी यूरोप के देश भी चाहते थे। क्या आप उन्हीं का काम कर रहे थे?

जयप्रकाश : मैं अपना काम कर रहा था और वे अपना। दोनों काम एक हो गए, तो यह प्रभु की इच्छा थी।

कमीशन : आप इन्दिरा सरकार से क्यों नाराज थे?

जयप्रकाश : एक तो उनकी सरकार मजबूत थी। मजबूत सरकार हो, तो कुछ खास करने की गुंजाइश नहीं रहती। दूसरे, इन्दिरा गांधी की सरकार 'बोल्शेविक' हो गई थी। इससे मेरी आत्मा को क्लेश होता था।

सरकारी वकील : आपकी आत्मा ऐसी कैसी है?

जयप्रकाश : मेरी लोकतांत्रिक समाजवादी आत्मा में सर्वोदय और हताशा शामिल है।

कमीशन : तो क्या इन्दिरा गांधी 'बोल्शेविक' है?

जयप्रकाश : वह क्या है, यह तो बोल्शेविक भी नहीं जानते। मैंने तो देखा कि शासन में सब जगह बोल्शेविक घुसे हैं। नीतियाँ बोल्शेविक बनाते थे। फिर इन्दिरा गांधी ने रूस से बीस-साला सन्धि कर ली थी। मुझे डर था कि देश कहीं वारसा गुट का सदस्य न हो जाए।

कमीशन : तो इसीलिए आपने इमरजेंसी खत्म होने पर पाँच दलों की जनता पार्टी बनवा दी?

जयप्रकाश : मैं इस जिम्मेदारी से भी इनकार करता हूँ। मुझे व्यर्थ बदनाम किया गया। ये राजनीति के घुटे हुए नेता व्यावहारिक रूप

में मेरे चाचा होते हैं। वे 1967 में मिलकर संविद सरकारें बना चुके थे। वे घबराए हुए थे। या तो मिलकर सरकार बनाएँ, या अलग-अलग जेल में जाएँ, यही तो विकल्प उनके सामने थे। वे एक हो गए। पर उन्हें एक होने का बहाना चाहिए था। तो वे कहने लगे कि जयप्रकाश के आग्रह से हम मिल गए। बदनामी मेरी हुई।

सरकारी वकील : मगर कहा तो यह जाता है कि आपने जनता सरकार बनवाई है।

जयप्रकाश : नहीं, नसबन्दी और जगजीवनराम ने जनता सरकार बनवाई। मैंने और कृपलानी ने मिलकर तो धाँधली से मोरारजी को प्रधानमंत्री बनाया।

कमीशन : आप क्या जनता पार्टी के काम से खुश रहे?

जयप्रकाश : क्या खुश रहा? मुझे 'भारतरत्न' मिलने का वक्त आया, तो उन्होंने यह खिताब ही खत्म कर दिया।

सरकारी वकील : क्या आप जनता पार्टी के सदस्य थे?

जयप्रकाश : नहीं, महात्मा गांधी भी कांग्रेस पार्टी के सदस्य नहीं थे।

कमीशन : तो आप महात्मा गांधी की तरह पार्टी को गाइड करते थे?

जयप्रकाश : हाँ, मगर 'मिसगाइड' करता था।

कमीशन : क्या जनता सरकार ने जनता का कुछ भला किया?

जयप्रकाश : जनता का भला करने को वह सरकार बनी ही नहीं थी। अगर भला करती, तो अपने उद्देश्य से गिर जाती।

कमीशन : तो सरकार क्या करती थी?

जयप्रकाश : सरकार जनता को समझा रही थी कि बिना सरकार से कोई देश कैसे चलता है।

कमीशन : क्या आप जनता सरकार के गिरने से दुखी होंगे?

जयप्रकाश : नहीं, सुखी होऊँगा। कहीं भी सरकार गिरे, मैं खुश होता हूँ।

तीसरी आजादी का जाँच कमीशन-3

दूसरी आजादी के पहले प्रधानमंत्री मोरारजी देसाई तीसरी आजादी की सरकार के प्रधानमंत्री बनने की कोशिश में भी थे, पर हो नहीं सके। वे इससे दुखी नहीं थे। उन्होंने समझ लिया कि ईश्वर की इच्छा है कि वे दस साल बाद, विश्व सरकार के पहले प्रधानमंत्री बनें। इस आशा में स्वास्थ्य अच्छा बनाने में लगे थे। वे लहसुन की पाँच की जगह दस फलियाँ खाने लगे थे।

उन्हें जाँच कमीशन के सामने बुलाया गया। उन्हें वकीलों और साथियों ने सलाह दी थी कि वे यह कहकर बयान देने से इनकार कर दें कि इससे गोपनीयता की शपथ भंग होगी, पर उन्होंने कहा—मैं दूसरे किस्म का आदमी हूँ। मैं वह कुछ नहीं करूँगा जो उस 'लेडी' ने किया। फिर जिन्दगी-भर मैं 'आ बैल मुझे मार' करता रहा हूँ। आखिरी वक्त क्या भागूँ?

मोरारजी भाई प्रसन्न थे, जैसे आरोपों के जवाब देने नहीं, जाँच कमीशन का उद्घाटन करने आए हों। उन्होंने शपथ ली और झट न्यायाधीश की तरफ पंजा बढ़ाकर कहा—आपकी उम्र मुझसे बहुत कम है। जरा पंजा लड़ाकर देखिए।

कमीशन : आपको यहाँ पंजा लड़ाने नहीं बुलाया गया।

मोरारजी : पर मुझे तो कमीशन के सामने यह सिद्ध करना ही है कि नियमित जीवन, सात्त्विक जीवन और संयम से स्वास्थ्य कैसा अच्छा रहता है। मैंने 30 वर्ष की उम्र में ब्रह्मचर्य व्रत ले लिया था। मैं सुबह चार बजे उठता हूँ और रात नौ बजे सौ जाता हूँ। मैं फल और दूध का सेवन करता हूँ। मैं रोज जीवन-जल पीता हूँ। मैंने मदिरापान कभी नहीं किया। मैंने मूत्र-पान का प्रचार किया और मदिरा का निषेध।

सरकारी वकील : इसका नतीजा यह हुआ कि लोग मूत्र में शराब मिलाकर पीने लगे।

कमीशन का वकील : वैसे तो मूत्र में भी 'अल्कोहल' होता है। तभी आपको आदत लग गई थी।

कमीशन : देखिए मोरारजी भाई, आप फालतू बातें मत कीजिए। जो पूछा जाए, उसी का जवाब दीजिए। बताइए, दूसरी आजादी कैसे आई?

मोरारजी : सब ईश्वर की लीला है। सबहिं नचावत राम गुसाईं।

कमीशन : वे कारण और परिस्थितियाँ बताइए, जिनसे दूसरी आजादी आई।

मोरारजी : हम लोग जेल में बन्द थे। मैं जेल में नहीं, रेस्ट हाउस में था। अच्छा खाता था, आराम करता था, गीता पढ़ता था और 'बोर' होता था। जब हम सब लोग बाहर आए तो सलाह की। हमारे सामने दो रास्ते थे—या तो इकट्ठा होकर राज करें या अलग-अलग जेल में रहें। जेल से हम ऊब चुके थे। इसलिए हमने पहला रास्ता चुना और जनता पार्टी बना ली। फिर हमने जनता को बतलाया कि इमरजेंसी में उस पर कितने अत्याचार हुए।

सरकारी वकील : क्या जनता को पता नहीं था कि उस पर क्या अत्याचार हुए?

मोरारजी : नहीं, इस देश के लोग ऐसे ही हैं कि उन्हें बताना पड़ता है कि तुम पर क्या अत्याचार हुए। जब जनता मान गई

कि उस पर अत्याचार हुए तो उसने हमें वोट दे दिए और हमारी सरकार बन गई।

कमीशन : क्या जयप्रकाश नारायण ने जनता पार्टी बनवाई? दूसरी आजादी क्या वे लाए?

मोरारजी : कतई नहीं। जयप्रकाश को तो राजनीति ही नहीं आती। वे तो लोकनायक इसलिए बन गए और श्रेय इसलिए मिल गया कि उन्हें प्रधानमंत्री नहीं बनना था। इसके लिए उन्हें कुछ मुआवजा, हरजाना देना ही था। तो उन्हें 'लोक-नायक बना दिया। लो भाई, तुम्हें भी कुछ मिल गया। अगर मैं कह देता कि मुझे प्रधानमंत्री नहीं बनना, तो ये बदमाश मुझे 'लोकनायक' ही नहीं, ईश्वर बनाने को तैयार हो जाते। पर ईश्वर बनने में क्या रखा है? न चूड़ीदार पाजामा-शेरवानी पहन सकते, न सलामी ले सकते।

सरकारी वकील : तो आप जयप्रकाश को लोकनायक नहीं मानते।

मोरारजी : हुश्ट।

सरकारी वकील : वे दूसरी आजादी लाए, यह भी नहीं मानते।

मोरारजी : हुश्ट।

कमीशन : आप हुश्ट-हुश्ट क्या करते हैं। ठीक से जवाब दीजिए।

मोरारजी : मैं उन्हें कुछ नहीं मानता। मैंने उन्हें गैरसंवैधानिक सत्ता भी नहीं बनने दिया। वरना वे बूढ़े संजय गांधी हो जाते।

कमीशन : तो आपने देश की क्या सेवा की?

मोरारजी : देश की कोई क्या सेवा कर सकता है? मैं क्या हिमालय को ऊँचा कर सकता हूँ। समुद्र को ढकेलकर आगे कर सकता हूँ? गंगा को अमरकंटक से निकाल सकता हूँ। देश-सेवा क्या होती है? देश जैसा और जहाँ था, वैसा और वहाँ है।

सरकारी वकील : पूछने का मतलब यह है कि आपने देशवासियों की क्या सेवा की?

मोरारजी : देशवासियों की मैंने यह सेवा की कि मैं प्रधानमंत्री रहा।

कमीशन : यदि प्रधानमंत्री रहना ही देशवासियों की 'सेवा' है तो यह 'सेवा' दूसरे लोग भी कर सकते थे।

मोरारजी : नहीं, समस्या यह थी कि देश को बहुत ज्यादा प्रधानमंत्री मिल रहे थे। जरूरत सिर्फ एक की थी। मैं प्रधानमंत्री न

बनता तो कई प्रधानमंत्री बन जाते। वे एक-दूसरे पर हमला करते।

कमीशन : आप अपने प्रधानमंत्री बनने का श्रेय किसे देते हैं? जयप्रकाश को?

मोरारजी : नहीं, जगजीवनराम और चरणसिंह को। इनकी लड़ाई के कारण ही मैं प्रधानमंत्री बना।

कमीशन : आप पर यह आरोप है कि आपका अपने मंत्रिमंडल पर कोई नियंत्रण नहीं था। कोई दबाव नहीं था। आप जिन्दगी-भर कड़े आदमी माने जाते थे। पर प्रधानमंत्री बनने पर आप ढीले हो गए।

मोरारजी : मैं क्या कड़ाई करता! क्या नियंत्रण रखता! क्या दबाव डालता! मैं तो खैराती प्रधानमंत्री था। बैगर्स आर नॉट चूजर्स। न मेरा गुट, न मेरे पास कोई संगठन, न मेरे कोई अनुयायी। मैं किस दम पर अकड़ता! मैं इशारा करता कि मंत्री बदलूँगा, तो वे कहते, प्रधानमंत्री बदलेंगे। मैं कहता कि उस मंत्री को ड्रॉप करूँगा तो वह कहता कि हम प्रधानमंत्री को ड्रॉप करेंगे।

कमीशन : तो आपने ऐसी हालत में काम कैसे चलाया?

मोरारजी : सब ईश्वर ने चलाया। मैंने कह दिया—राम की चिड़ियाँ राम के खेत, खाओ री चिड़ियाँ भर-भर पेट। मेरे मंत्रिमंडल में मेरे सिवा बाकी सब प्रधानमंत्री थे। सबको छूट। चरणसिंह कारखानों में खेती करवा सकते थे, और जॉर्ज फर्नांडीज खेत में कारखाना खोल सकते थे। बहुगुणा समाजवाद ला सकते थे, और पटेल पूँजीवाद को मजबूत कर सकते थे। मैं सबको आशीर्वाद देता था।

कमीशन : इसका अर्थ हुआ कि आपकी पार्टी की कोई निश्चित नीति नहीं थी।

मोरारजी : थी। एक ही नीति थी—सत्ता में बने रहना। सत्ता में नहीं रहते तो जेल में रहते। सब आत्मरक्षा कर रहे थे। फिर पार्टी हो तो नीति हो। हमारी पार्टी थोड़े ही थी। शंकरजी की बारात थी। सब भूत-प्रेत—राजनारायण-जैसे। कोउ मुखहीन विपुल मुख काहू-नाना वाहन नाना वेषा। मैं था शंकर, बरात तो मेरी ही थी। इसलिए मैं चुपचाप जहर

पीता जाता था। मैं नशाबन्दी सम्मेलन का उद्घाटन करता और मेरा ही मंत्री अध्यक्ष की कुर्सी पर नशे में धुत बैठा रहता।

कमीशन : मगर आप नशाबन्दी के पीछे इतने क्यों पड़े थे? आप सफल हुए?

मोरारजी : पीछे पड़ा था अपनी इमेज बनाने के लिए। नशाबन्दी और जीवन-जल, ये दो चीजें तो थीं ही मेरे पास इमेज के लिए। जवाहरलाल नेहरू के पास तो बहुत चीजें थीं। मगर मैं नशाबन्दी में सफल नहीं हुआ। जो शराब की दुकान पहले एक लाख में नीलाम होती थी, वह मेरे प्रचार से डेढ़ लाख में होने लगी। जीवन-जल के प्रचार का नतीजा यह हुआ कि पार्टियों में मेरे पास विदेशी महिलाएँ इस डर से नहीं बैठती थीं कि कहीं मैं जीवन-जल से 'टोस्ट' न खाने लगूँ।

कमीशन : आपके शासन में कानून और व्यवस्था की हालत बहुत खराब थी। इस बारे में आपको क्या कहना है?

मोरारजी : मैं दोमुँही बात नहीं करता। मैं बार-बार लोगों से भयहीन होने की अपील करता था। मेरी अपील से कोई भला आदमी तो नहीं, पर अपराधी भयहीन हो गए। तो इसमें मैं क्या करता। आदमी भयहीन होगा तो वह बैठकर जमुहाई तो लेगा नहीं। वह कुछ करेगा। तो अपराधी अपराध करते थे। यह उनका नागरिक अधिकार है। मैं नागरिक अधिकारों के हनन का विरोधी हूँ।

कमीशन : पर हरिजनों पर भी बहुत अत्याचार हुए थे।

मोरारजी : इसका हल्ला हुआ। बात यह है कि जगजीवनराम हरिजन हैं। वे प्रधानमंत्री नहीं बने तो हल्ला मच गया कि हरिजन पर अत्याचार हो गया। आम हरिजनों पर अत्याचार रोकना गृहमंत्री चरणसिंह का काम था। पर चरणसिंह अपने को खुद हरिजन समझने लगे, और इन्दिरा गांधी के अत्याचारों से अपनी रक्षा करते रहे। वह पट्ठा सिर्फ इन्दिरा गांधी से लड़ता रहा।

कमीशन : महँगाई के बारे में क्या कहना है? सरकार ने कीमतें घटाने के लिए कोई कदम क्यों नहीं उठाए?

मोरारजी : सरकार का काम शासन करना है, दुकान करना नहीं। फिर कीमत खरीदार और बेचनेवालों के बीच का मामला है। सरकार इसमें क्या करे? मैंने अपनी तरफ से व्यापारियों से अपीलें बराबर कीं। उनका हृदय-परिवर्तन करना चाहा। उनका हृदय नहीं बदला। इसका मतलब है कि उनका हृदय पहले ही शुद्ध था।

सरकारी वकील : पर लोगों को तकलीफ तो बहुत हुई!

मोरारजी : सब ईश्वर की इच्छा है। देह धारण की है तो कष्ट तो होंगे ही—देह धरे को दंड है सब काहू को होय, ज्ञानी भोगे ज्ञान सों मूरख भुगतै रोय।

कमीशन : आप कहते थे कि आपके दिमाग में न कोई चिन्ता होती है, न तनाव। ऐसा कैसे हो सकता है कि इतने बड़े देश का प्रधानमंत्री चिन्ता और तनाव से मुक्त हो?

मोरारजी : चिन्ता और तनाव उसे हो, जिसने देश की जिम्मेदारी ली हो। मैंने तो कोई जिम्मेदारी ली नहीं। सब ईश्वर पर छोड़ दी। हानि लाभ जीवन मरण जस अपजस बिधि हाथ। आदमी के किए कुछ नहीं होता। लोग भूखे हैं, गरीब हैं, पीड़ित हैं, तो यह ईश्वर की इच्छा है। मैं बीच में पड़नेवाला कौन होता हूँ। मुझे कभी-कभी थोड़ी-सी चिन्ता उस चरणसिंह के कारण होती थी। बस बाकी मेरा स्वास्थ्य अच्छा रहा।

मोरारजी भाई ने इस वक्त कहा : मेरा खजूर खाने का समय हो गया है। मुझे खजूर खाने के लिए बीस मिनट का समय दिया जाए।

कमीशन ने कहा : आप जाइए और खूब खजूर खाते रहिए। कमीशन के सामने आने की जरूरत अब नहीं है।

क्रान्तिकारी की कथा

'क्रान्तिकारी' उसने उपनाम रखा था। खूब पढ़ा-लिखा युवक। स्वस्थ, सुन्दर। नौकरी भी अच्छी। विद्रोही। मार्क्स-लेनिन के उद्धरण देता, चे-ग्वेवारा का खास भक्त।

कॉफी-हाउस में काफी देर बैठता। खूब बातें करता। हमेशा क्रान्तिकारिता के तनाव में रहता। सब उलट-पुलट देना है। सब बदल देना है। बाल बड़े, दाढ़ी करीने से बढ़ाई हुई।

विद्रोह की घोषणा करता। कुछ करने का मौका ढूँढ़ता। कहता—"मेरे पिता की पीढ़ी को जल्दी मरना चाहिए। मेरे पिता घोर दकियानूस, जातिवादी, प्रतिक्रियावादी हैं। ठेठ बुर्जुआ। जब वे मरेंगे तब मैं न मुंडन कराऊँगा, न उनका श्राद्ध करूँगा। मैं सब परम्पराओं का नाश कर दूँगा। चे-ग्वेवारा जिन्दाबाद!"

कोई साथी कहता—"पर तुम्हारे पिता तुम्हें बहुत प्यार करते हैं।"

क्रान्तिकारी कहता—"प्यार? हाँ, हर बुर्जुआ क्रान्तिकारिता को मारने के लिए प्यार करता है। यह प्यार षड्यंत्र है। तुम लोग नहीं समझते। इस समय मेरा बाप किसी ब्राह्मण की तलाश में है जिससे बीच-पच्चीस हजार रुपए लेकर उसकी लड़की से मेरी शादी कर देगा। पर मैं नहीं होने दूँगा। मैं जाति में शादी करूँगा ही नहीं। मैं दूसरी जाति की, किसी नीच जाति की लड़की से शादी करूँगा। मेरा बाप सिर धुनता बैठा रहेगा।"

साथी ने कहा, "अगर तुम्हारा प्यार किसी लड़की से हो जाए और संयोग से वह ब्राह्मण हो, तो तुम शादी करोगे न?"

उसने कहा, "हरगिज नहीं। मैं उसे छोड़ दूँगा। कोई क्रान्तिकारी अपनी जाति की लड़की से न प्यार करता है, न शादी। मेरा प्यार है एक कायस्थ लड़की से। मैं उससे शादी करूँगा।"

एक दिन उसने कायस्थ लड़की से कोर्ट में शादी कर ली। उसे लेकर अपने शहर आया और दोस्त के घर पर ठहर गया।

बड़े शहीदाना मूड में था। कह रहा था—"आई ब्रोक देअर नेक। मेरा बाप इस समय सिर धुन रहा होगा, माँ रो रही होगी। मुहल्ले-पड़ोस के लोगों को इकट्ठा करके मेरा बाप कह रहा होगा—हमारे लिए लड़का मर चुका। वह मुझे त्याग देगा। मुझे प्रापर्टी से वंचित करेगा। आइ डोंट केअर। मैं कोई भी बलिदान करने को तैयार हूँ। वह घर मेरे लिए दुश्मन का घर हो गया। बट आई विल फाइट टू दी एंड—टू दी एंड—"

वह बरामदे में तना हुआ घूमता। फिर बैठ जाता, कहता—"बस, संघर्ष आ ही रहा है।"

उसका एक दोस्त आया। बोला, "तुम्हारे फादर कह रहे थे कि तुम पत्नी को लेकर सीधे घर क्यों नहीं आ गए। वे तो काफी शान्त थे। कह रहे थे—लड़के और बहू को घर ले आओ।"

वह उत्तेजित हो गया, "हूँ, बुर्जुआ हिपोक्रेसी। यह एक षड्यंत्र है। वे मुझे घर बुलाकर फिर अपमान करके, हल्ला करके, निकालेंगे। उन्होंने मुझे त्याग दिया है तो मैं क्यों समझौता करूँ? मैं दो कमरे किराए पर लेकर रहूँगा।"

दोस्त ने कहा, "पर तुम्हें त्यागा कहाँ है?"

उसने कहा, "मैं सब जानता हूँ—आई विल फाइट।"

दोस्त ने कहा, "जब लड़ाई है ही नहीं तो फाइट क्या करोगे?"

'क्रान्तिकारी' कल्पनाओं में था। हथियार पैने कर रहा था। बारूद सुखा रहा था। क्रान्ति का निर्णायक क्षण आनेवाला है। मैं वीरता से लड़ूँगा। बलिदान हो जाऊँगा।

तीसरे दिन उसका एक खास दोस्त आया। उसने कहा, ''तुम्हारे माता-पिता टैक्सी लेकर तुम्हें लेने आ रहे हैं। इतवार को तुम्हारी शादी के उपलक्ष्य में भोज है। यह निमंत्रण-पत्र बाँटा जा रहा है।''

क्रान्तिकारी ने सिर ठोंक लिया। पसीना बहने लगा। पीला हो गया। बोला, ''हाय, सब खत्म हो गया। जिन्दगी-भर की संघर्ष-साधना खत्म हो गई। नो स्ट्रगल। नो रेवोल्यूशन। मैं हार गया। वे तो मुझे लेने आ रहे हैं। मैं लड़ना चाहता था। मेरी क्रान्तिकारिता! मेरी क्रान्तिकारिता! देवी, तू मेरे बाप से मेरा तिरस्कार करवा। चे-ग्वेवारा! डियर चे!''

उसकी पत्नी चतुर थी। वह दो-तीन दिनों से क्रान्तिकारिता देख रही थी और हँस रही थी। उसने कहा, ''डियर, एक बात कहूँ। तुम क्रान्तिकारी नहीं हो।''

उसने पूछा, ''नहीं हूँ? फिर क्या हूँ?''

पत्नी ने कहा, ''तुम एक बुर्जुआ बौड़म हो। पर मैं तुम्हें प्यार करती हूँ।''

यस सर

एक काफी अच्छे लेखक थे। वे राजधानी गए। एक समारोह में उनकी मुख्यमंत्री से भेंट हो गई। मुख्यमंत्री से उनका परिचय पहले से था। मुख्यमंत्री ने उनसे कहा—आप मजे में तो हैं। कोई कष्ट तो नहीं है? लेखक ने कह दिया—कष्ट बहुत मामूली है। मकान का कष्ट। अच्छा-सा मकान मिल जाए, तो कुछ ढंग से लिखना-पढ़ना हो। मुख्यमंत्री ने कहा—मैं चीफ सेक्रेटरी से कह देता हूँ। मकान आपको 'अलॉट' हो जाएगा।

मुख्यमंत्री ने चीफ सेक्रेटरी से कह दिया कि अमुक लेखक को मकान 'अलॉट' करा दो।

चीफ सेक्रेटरी ने कहा—यस सर!

चीफ सेक्रेटरी ने कमिश्नर से कह दिया। कमिश्नर ने कहा—यस सर!

कमिश्नर ने कलेक्टर से कहा—अमुक लेखक को मकान 'अलॉट' कर दो।

कलेक्टर ने कहा—यस सर!

कलेक्टर ने रेंट कंट्रोलर से कह दिया। उसने कहा—यस सर!

रेंट कंट्रोलर ने रेंट इंस्पेक्टर से कह दिया। उसने भी कहा—यस सर!

सब बाजाब्ता हुआ। पूरा प्रशासन मकान देने के काम में लग गया। साल-डेढ़ साल बाद फिर मुख्यमंत्री से लेखक की भेंट हो गई। मुख्यमंत्री को याद आया कि इनका कोई काम होना था। मकान 'अलॉट' होना था।

उन्होंने पूछा—कहिए, अब तो अच्छा मकान मिल गया होगा?

लेखक ने कहा—नहीं मिला।

मुख्यमंत्री ने कहा—अरे, मैंने तो दूसरे ही दिन कह दिया था।

लेखक ने कहा—जी हाँ, ऊपर से नीचे तक 'यस सर' हो गया।

स्वर्ग में नरक

सेठ मेहूमल मिलवानी के उस्ताद थे। वे घी में चर्बी, धनिया में लीद और बेसन में पिसा पत्थर इस तरह मिला देते थे कि किसी को मिलावट का पता ही नहीं लगता था। अगर जहर शहद से सस्ता मिलता तो वे शहद में जहर मिलाने में जरा भी नहीं हिचकते।

पर सेठ मेहूमल भगवद्-भक्त भी थे। वे खूब भजन-पूजन करते थे। लिहाजा जब वे मरे तो एक देवदूत आया और उन्हें उस लोक ले गया।

चित्रगुप्त ने रिकॉर्ड भगवान के सामने पेश कर दिया।

भगवान ने कहा—"सेठ मेहूमल, तुमने लगभग तीन लाख घंटे मेरी पूजा की है, ऐसा रिकॉर्ड बताता है।"

मेहूमल ने कहा, "हाँ भगवन्, मैं आपका अटल भक्त हूँ।"

विधाता ने कहा, ''इसीलिए हम तुम्हें स्वर्ग में स्थान देते हैं। जाओ, अनन्त काल तक सुख भोगो।''

मेहूमल को स्वर्ग में एक सुन्दर मकान में रखा गया। बढ़िया भोजन परोसा गया। उसकी सुगन्ध से उनकी भूख भड़क उठी। उन्होंने एक कौर लेकर मुँह में डाला तो थू-थू करके उगल दिया। भोजन में नीम की पत्ती मिला दी गई थी।

मेहूमल ने पानी पिया तो मुँह में कीड़े काटने लगे।

वे भूखे-प्यासे ही सो गए।

रात को जब वे मुलायम गद्दे पर सो रहे थे, तब दीवारों से लम्बी-लम्बी सलाखें निकलीं और उनके शरीर में चुभने लगीं।

वे रात-भर सो नहीं सके।

सुबह उन्होंने एक अधिकारी से कहा, ''मुझे विधाता के पास ले चलो। यह तुम्हारा कैसा स्वर्ग है?''

अधिकारी ने जवाब दिया, ''विधाता ने स्वर्ग में नरक की मिलावट करने का हुक्म दे दिया है।''

बदचलन

एक बाड़ा था। बाड़े में तेरह किराएदार रहते थे। मकान-मालिक चौधरी साहब पास ही एक बँगले में रहते थे।

एक नए किराएदार आए। वे डिप्टी कलेक्टर थे। उनके आते ही उनका इतिहास भी मुहल्ले में आ गया था। वे इसके पहले ग्वालियर में थे। वहाँ दफ्तर की लेडी टाइपिस्ट को लेकर कुछ मामला हुआ था। वे साल-भर सस्पेंड रहे थे। यह मामला अखबार में भी छपा था। मामला रफा-दफा हो गया और उनका तबादला इस शहर में हो गया।

डिप्टी साहब के इस मकान में आने के पहले ही उनके विभाग का एक आदमी मुहल्ले में आकर कह गया था कि यह बहुत बदचलन, चरित्रहीन आदमी है। जहाँ रहा, वहीं इसने बदमाशी की। यह बात सारे तेरह किराएदारों में फैल गई।

किराएदार आपस में कहते—यह शरीफ आदमियों का मुहल्ला है। यहाँ ऐसा आदमी रहने आ रहा है। चौधरी साहब ने इस आदमी को मकान देकर अच्छा नहीं किया।

कोई कहते—बहू-बेटियाँ सबके घर में हैं। यहाँ ऐसा दुराचारी आदमी रहने आ रहा है। भला शरीफ आदमी यहाँ कैसे रहेंगे!

डिप्टी साहब को मालूम था कि मेरे बारे में खबर इधर पहुँच चुकी है। वे यह भी जानते थे कि यहाँ सब लोग मुझसे नफरत करते हैं। मुझे बदमाश मानते हैं। वे खुद इस माहौल में अड़चन महसूस करते थे। वे हीनता की भावना से ग्रस्त थे। नीचा सिर किए आते-जाते थे। किसी से उनकी दुआ-सलाम नहीं होती थी।

इधर मुहल्ले के लोग आपस में कहते थे—शरीफों के मुहल्ले में यह बदचलन आ बसा है।

डिप्टी साहब का सिर्फ मुझसे बोलचाल का सम्बन्ध स्थापित हो गया था। मेरा परिवार नहीं था। मैं अकेला रहता था। डिप्टी साहब कभी-कभी मेरे पास आकर बैठ जाते। वे अकेले रहते थे। परिवार नहीं लाए थे।

एक दिन उन्होंने मुझसे कहा, ''ये जो मिस्टर दास हैं, ये रेलवे के दूसरे पुल के पास एक औरत के पास जाते हैं। बहुत बदचलन औरत है।''

दूसरे दिन मैंने देखा, उनकी गर्दन थोड़ी-सी उठी है।

मुहल्ले के लोग आपस में कहते थे—शरीफों के मुहल्ले में यह बदचलन आ गया।

दो-तीन दिन बाद डिप्टी साहब ने मुझसे कहा, ''ये जो मिसेज चोपड़ा हैं, इनका इतिहास आपको मालूम है? जानते हैं, इनकी शादी कैसे हुई? तीन आदमी इनसे फँसे थे। इनका पेट फूल गया। बाकी दो शादीशुदा थे। चोपड़ा को इनसे शादी करनी पड़ी।''

दूसरे दिन डिप्टी साहब का सिर थोड़ा और ऊँचा हो गया।

मुहल्लेवाले अभी भी कह रहे थे—शरीफों के मुहल्ले में कैसा बदचलन आदमी आ बसा!

तीन-चार दिन बाद फिर डिप्टी साहब ने कहा, ''श्रीवास्तव साहब की लड़की बहुत बिगड़ गई है। ग्रीन होटल में पकड़ी गई थी एक आदमी के साथ।''

डिप्टी साहब का सिर और ऊँचा हुआ।

मुहल्लेवाले अभी भी कह रहे थे—शरीफों के मुहल्ले में यह कहाँ का बदचलन आ गया!

तीन-चार दिन बाद डिप्टी साहब ने कहा, ''ये जो पांडे साहब हैं, अपने बड़े भाई की बीवी से फँसे हैं। सिविल लाइंस में रहता है इनका बड़ा भाई।''

डिप्टी साहब का सिर और ऊँचा हो चुका था।

मुहल्ले के लोग अभी भी कहते थे—शरीफों के मुहल्ले में यह बदचलन कहाँ से आ गया!

डिप्टी साहब ने मुहल्ले में लगभग हर एक के बारे में कुछ पता लगा लिया था। मैं नहीं कह सकता, यह सब सच था या उनका गढ़ा हुआ। आदमी वे उस्ताद थे। ऊँचे कलाकार। हर बार जब वे किसी की बदचलनी की खबर देते, उनका सिर और ऊँचा हो जाता।

अब डिप्टी साहब का सिर पूरा तन गया था। चाल में अकड़ आ गई थी। लोगों से दुआ-सलाम होने लगी थी। कुंछ बात भी कर लेते थे।

एक दिन मैंने कहा, ''बीवी-बच्चों को ले आइए न। अकेले तो तकलीफ होती होगी।''

डिप्टी साहब ने कहा, ''अरे साहब, शरीफों के मुहल्ले में मकान मिले तभी तो लाऊँगा बीवी-बच्चों को।''

सूअर

चौबेजी को मैं पांडेजी के घर ले गया।

चौबेजी के लड़के की शादी की बात पांडेजी की लड़की से चल रही थी। हम पांडेजी के घर के बरामदे में बैठे थे। लड़की चाय-नाश्ता दे गई थी। चौबेजी ने उसे देख लिया था। पांडेजी का पैतृक मकान था। वह शहर के पुराने मुहल्ले में था। गन्दा मुहल्ला था। बरामदे से कचरे के ढेर दिख रहे थे। आसपास सूअरों की कतारें घूम रही थीं।

चौबेजी यह देख रहे थे और उन्हें मतली-सी आ रही थी। वे बोले, "हॉरिबल! इस कदर सूअर घूमते हैं घर के आसपास!"

बाकी बात मुझे करनी थी। हम लौटे। चौबेजी से मैं दो-तीन दिन बाद मिला। उन्होंने कहा, "भई, लड़की तो बहुत अच्छी है। मगर पांडे का घर बहुत गन्दी जगह है। सूअर आसपास घूमते हैं। हॉरिबल!"

मैंने कहा, ''मगर आपको उस घर से क्या करना है? आपको तो लड़की ब्याहकर लानी है।''

चौबेजी ने कहा, ''मगर क्या लड़का ससुराल नहीं जाएगा? या मैं समधी से कोई सम्बन्ध नहीं रखूँगा। मैं सबसे ज्यादा इस सूअर से नफरत करता हूँ। आई हेट दीज पिग्ज। मुझे अभी भी उस घर की कल्पना से मतली आती है।''

मैंने कहा, ''सोच लीजिए। लड़की बहुत अच्छी है। परिवार अच्छा है।''

चौबेजी ने कहा, ''सो तो मैं मानता हूँ। मगर मैं लड़के की बरात लेकर उनके दरवाजे पर पहुँचा और मुझे उलटी हो गई तो? दोज पिग्ज! मैं बर्दाश्त नहीं कर सकता।''

मैंने कहा, ''वैसे पांडे काफी देंगे।''

चौबे बोले, ''क्या देंगे? यही दस-पन्द्रह हजार।''

मैंने कहा, ''नहीं, पचास हजार देंगे। जेवर अलग। एक ही तो उनकी सन्तान है।''

चौबेजी सोचने लगे। सूअर से लौटकर रुपयों तक आने में उन्हें कुछ वक्त लगा। थोड़ी और बातचीत के बाद उन्होंने कहा, ''जब तुम्हारा इतना जोर है, तो रिश्ता तय कर दो।''

चौबेजी ठाठ से बेटे की बरात लेकर पांडेजी के द्वार पर पहुँचे।

द्वार पर पन्द्रह हजार रुपए दिए गए।

शामियाने के नीचे चौबेजी बैठे थे। उनकी नजर वहीं लगी थी, जहाँ विवाह की रस्में हो रही थीं। वे इन्तजार कर रहे थे कि थाली में पैंतीस हजार और आते होंगे।

इसी समय एक सूअर का बच्चा वहाँ घुस आया। दो-तीन लोग उसे बाहर खदेड़ने लगे। एक-दो ने उसे छड़ी मारी। सूअर का बच्चा घबराकर भटक गया। उसे रास्ता नहीं मिल रहा था। वह चौबेजी की तरफ बढ़ा। लोग उसके पीछे पड़े थे। चौबे ने कहा, ''अरे-अरे, उसे तंग मत करो। सूअर का बच्चा बड़ा खूबसूरत होता है। वेरी स्वीट!''

और चौबेजी प्यार से सूअर के बच्चे पर हाथ फेरने लगे। इसी समय थाली में पैंतीस हजार रुपए आ गए।

सूअर का बच्चा ऐसे इत्मीनान से खड़ा था, जैसे अपने पिता के पास हो।

सर्वे और सुन्दरी

जब से खबर पढ़ी है कि सर्वे ऑफ इंडिया के किसी दफ्तर में दो पाकिस्तानी सुन्दरियाँ एक अफसर के साथ रात-भर रहीं और सुबह नक्शे लेकर फरार हो गईं, तब से मन डाँवाँडोल है। सर्वे का एक दफ्तर हमारे घर के पास ही है। मैं रोज उसके सामने से निकलता हूँ। मैंने आज तक यह नहीं सोचा था कि इस भद्दे, अभागे दफ्तर में इतनी कोमल सम्भावनाएँ छिपी हैं कि इसमें इतने दूर पाकिस्तान से आकर सुन्दरी रात बिताती है। दिन में यह दफ्तर रहता है और रात को पाकिस्तानी सुन्दरी के लिए रेस्ट हाउस हो जाता है। यह दफ्तर बड़ा प्यारा लगने लगा है।

एक साहब तो इतने दीवाने हो गए हैं कि मुझसे कहते हैं—मुझे सर्वे ऑफ इंडिया में नौकरी दिला दो। सारी जिन्दगी मास्टरी में बरबाद कर दी। अगर शुरू में सर्वे ऑफ इंडिया में भर्ती हो जाता तो आज मेरे साथ भी इस दफ्तर में पाकिस्तानी

सुन्दरी रात बिताती।

ये साहब घर से बढ़िया कपड़े पहनकर जाते हैं और घंटों सर्वे के दफ्तर के पास खड़े होकर उसे ललचाई नजर से देखते हैं। फिर उसके फाटक को चूमकर घर आ जाते हैं। रात को नींद नहीं आती। घरवाले परेशान हैं कि ये रात को 'सर्वे-सर्वे' क्यों चिल्लाते हैं। मैंने उनके परिवारवालों से कह दिया है—उनकी भक्ति जाग उठी है। ये 'सर्वेश्वर' का लघु रूप 'सर्वे' कहकर भगवान का भजन करते हैं।

उस दफ्तर की घटना की जाँच केन्द्रीय ब्यूरो कर रहा है। उसका ब्योरा जब आएगा, तब आएगा। मैंने उस रात की घटना की कल्पना कर ली है—

साहब क्वार्टर में बैठे थे कि चपरासी ने आकर कहा, "साहब, दो औरतें आई हैं।"

साहब ने पूछा, "औरतें तो बहुत होती हैं। ये कैसी हैं?"

चपरासी—"खूबसूरत हैं सा'ब!"

साहब ने उसे डाँटा, "तो तूने उन्हें औरत क्यों कहा?"

साहब फौरन बाहर आ गए। देखकर गद्गद हो गए। पूछा, "कहाँ से आई हैं?"

वे बोलीं, "पाकिस्तान से।"

साहब ने कहा, "अच्छा, पाकिस्तान से इतने अच्छे हमारे सम्बन्ध हो गए कि वह टैंकों के बदले सुन्दरी इधर भेजता है। आगे होनेवाले चुनाव के कारण पाकिस्तान ने हमसे रिश्ते सुधार लिये होंगे।"

एक सुन्दरी बोली, "हाँ साहब, वहाँ हुक्म हो गया है कि जितनी खूबसूरत औरतें चाहें, भारत चली जाएँ।"

साहब ने कहा, "सुन्दरियो, यह तो बताओ कि इस इलाके में इतने साहब हैं, पर तुमने अपनी मेहरबानी के लिए मुझे ही क्यों चुना?"

सुन्दरी—"इसलिए कि हमने आपकी बड़ी तारीफ सुनी है। सुना है, आप बड़े मेहमाननवाज हैं।"

साहब खुश हुए। बोले, "तो फिर भीतर तशरीफ लाइए।"

सुन्दरियों ने कहा, "नहीं, हमें हिदायत है कि हम घर में नहीं, दफ्तर में ही रहें। हमें एक महीना भारत घूमते हो गया। कभी हम सेल्स टैक्स के दफ्तर में सो जाती हैं और कभी सिंचाई विभाग के दफ्तर में। आज तो हम सर्वे के दफ्तर में ही सोएँगी।"

साहब ने कहा, "जैसी आपकी मर्जी। दफ्तर आपका है। जब तक जी चाहे, रहिए।"

साहब उन्हें लेकर दफ्तर पहुँचे। वहाँ सुन्दरियों ने कागजों के पुलिन्दे देखे। पूछा, "साहब, ये क्या है?"

साहब ने कहा, "इस इलाके के नक्शे हैं। लड़ाई के वक्त काम आते हैं।"

सुन्दरियों ने नक्शे उठा लिये। कहा, "साहब, ये नक्शे हम ले लें?"

साहब ने कहा, "नक्शे? मैं तो सोचता था, आप मेरी जान माँगेंगी। मैं जान निकालकर देने के लिए तैयार बैठा था। नक्शा तो मामूली चीज है। जितने चाहें, ले लीजिए। आप चाहें तो आपको मैं पूरा देश दे सकता हूँ। देश ही उठा ले जाइए।"

सुन्दरी ने कहा, "मगर हिन्द-पाक लड़ाई के वक्त ये नक्शे पाकिस्तान के काम आए तो?"

साहब ने कहा, "वह लड़ाई होगी ही नहीं। जो पाकिस्तान हमारे पास हूरें भेजता है, वह लड़ाई भला क्यों करेगा? और नक्शों का क्या! दूसरे बनवा लेंगे।"

सुन्दरियाँ नक्शे लेकर चलने लगीं तो साहब ने कहा, "आधी रात को अब कहाँ जाएँगी। जमाना खराब लगा है। सुबह चली जाइएगा।"

वे रुक गईं।

थोड़ी देर बाद एक बोली, "नहीं-नहीं, यह क्या करते हैं?"

साहब ने कहा, "सर्वे का आदमी हूँ न। सर्वे करना मेरी आदत बन गई है। जरा तुम्हारे जिस्म का सर्वे कर रहा हूँ। नक्शा बनवाऊँगा।"

रात गुजारकर सबेरे सुन्दरियाँ नक्शे लेकर चलीं। साहब ने कहा, "आज और रह जातीं तो कुछ नक्शे और दे देता।"

उन्होंने कहा, "फिलहाल इतने ही काफी हैं। ये हम दे आएँ। दुबारा फिर आ जाएँगी।"

साहब ने कहा, "कुछ नए नक्शे बन रहे हैं। मैं खबर दूँगा तो लेने तो आ जाओगी न!"

सुन्दरियों ने आने का वादा किया और चम्पत हो गईं।

कुल इतनी-सी बात है, मगर संसद में शोर कितना हुआ। इतनी दूर से सुन्दर स्त्री बड़ी आशा लगाकर आए और हमारा अफसर क्या इतना हृदयहीन हो जाए कि दो-चार नक्शे भी न दे?

सुना है, केन्द्रीय ब्यूरो मामले की जाँच कर रहा है। हो सकता है कि ब्यूरो की जाँच का नतीजा यह निकले कि यह सब झूठ है। कोई नक्शे दफ्तर से नहीं गए। फिर भी मेरा ऊपर दिया ब्योरा जहाँ का तहाँ रहेगा—यानी अगर कभी आगे भी सर्वे के नक्शे पाकिस्तान जाएँगे तो इसी तरह जाएँगे।

इस मामले में एक ही बात मुझे अखर गई और मैं बलराज मधोक को मुँह दिखाने लायक नहीं रहा। वह अफसर हिन्दू है। बलराज मधोक का कहना है, "हर हिन्दू देशभक्त है और अहिन्दू गद्दार।" अब नारा यों बदलना पड़ेगा, "हर हिन्दू देशभक्त है—सुन्दरी के आने तक।"

समाजवादी चाय

पटना से कांग्रेस महासमिति के अधिवेशन से हमारे भैया सा'ब लौटे थे। मैं उनके साथ चाय पी रहा था। मैंने पूछा, "कैसा रहा इस बार का समाजवाद?"

वे बोले, "इस बार पन्द्रह हाथी जुलूस में थे।"

मैंने पूछा, "हाथी काले थे कि सफेद?"

वे जवाबे, "काले थे। मगर हाँ, अगले अधिवेशन तक ये भी सफेद हो जाएँगे।"

मैं देख रहा था, वे चाय तश्तरी में उँड़ेलकर फूँक-फूँककर पी रहे थे।

पूछा, "इस तरह फूँककर चाय क्यों पी रहे हैं?"

उन्होंने कहा, "कांग्रेसमैन हैं न। आदत पड़ गई है। हम समाजवाद को फूँक-फूँककर पीते हैं।"

पूछा, "तो क्या चाय पीने के ढंग से समाजवादी का प्रकार मालूम हो जाता है?"

उत्तर—"हाँ, हम और प्रसोपावाले इसी तरह फूँककर चाय पीते हैं। भारतीय साम्यवादी दलवाला कप से गरम चाय पी लेगा। मार्क्सवादी साम्यवादी केतली की टोंटी से ही जल्दी-जल्दी चाय उँड़ेल लेगा। नक्सलपन्थी उबलती डेगची ही मुँह में डाल लेगा।"

मैंने कहा, "इस देश में संयुक्त समाजवाद भी है। संयुक्त समाजवादी कैसे चाय पिएगा? मसलन, राजनारायण कैसे चाय ग्रहण करेंगे?"

वे बोले, "राजनारायण चाय की केतली नाक में डाल लेंगे।"

अफसर कवि

एक कवि थे। वे राज्य सरकार के अफसर भी थे। अफसर जब छुट्टी पर चला जाता, तब वे कवि हो जाते और कवि जब छुट्टी पर चला जाता, तब अफसर हो जाते।

एक बार पुलिस की गोली चली और दस-बारह मारे गए। उनके भीतर का अफसर तब छुट्टी चला गया, और कवि इस कांड से क्षुब्ध हुआ। उन्होंने एक कविता लिखी और छपवाई। कविता में इस कांड की और मुख्यमंत्री की निन्दा की।

किसी ने मुख्यमंत्री को यह कविता पढ़ा दी। अफसर तब तक छुट्टी से लौटकर आ गया। उसे मालूम हुआ तो वह घबराया और उसने कवि को छुट्टी पर भेज दिया।

अफसर कवि ने एक प्रभावशाली नेता को पकड़ा। कहा, ''मुझे मुख्यमंत्रीजी के पास ले चलिए। उनसे क्षमा दिला दीजिए।''

नेता उन्हें मुख्यमंत्री के पास ले गए। उन्होंने परिचय दिया ही था कि कवि ने मुख्यमंत्री के चरणों पर सिर रख दिया।

मुख्यमंत्री ने कहा, ''यह वह कवि नहीं हो सकते, जिन्होंने वह कविता लिखी है।''

पुलिस-मंत्री का पुतला

एक राज्य में एक शहर के लोगों पर पुलिस-जुल्म हुआ तो लोगों ने तय किया कि पुलिस-मंत्री का पुतला जलाएँगे।

पुतला बड़ा कद्दावर और भयानक चेहरेवाला बनाया गया।

पर दफा 144 लग गई और पुतला पुलिस ने जब्त कर लिया।

अब पुलिस के सामने यह समस्या आ गई कि पुतले का किया क्या जाए। पुलिसवाले ने बड़े अफसरों से पूछा, ''साहब, यह पुतला जगह रोके कब तक पड़ा रहेगा? इसे जला दें या नष्ट कर दें?''

अफसरों ने कहा, ''गजब करते हो। मंत्री का पुतला है। उसे हम कैसे जलाएँगे? नौकरी खोना है क्या?''

इतने में रामलीला का मौसम आ गया। एक बड़े पुलिस-अफसर को 'ब्रेनवेव'

आ गई। उसने रामलीलावालों को बुलाकर कहा, ''तुम्हें दशहरे पर जलाने को रावण का पुतला चाहिए न? इसे ले जाओ। इसमें सिर्फ नौ सिर कम हैं, सो लगा लेना।''

कबीर की बकरी

कबीर-पन्थियों ने मुझे यह घटना सुनाई।

कबीरदास बकरी पालते थे। पास में मन्दिर था। बकरी वहाँ घुस जाती और बगीचे के पत्ते खा जाती। एक दिन पुजारी ने शिकायत की, "कबीरदास, तुम्हारी बकरी मन्दिर में घुस आती है।"

कबीर ने जवाब दिया, "पंडितजी, जानवर है। चली जाती होगी मन्दिर में। मैं तो नहीं गया।"

प्रथम स्मगलर

लक्ष्मण मेघनाथ की शक्ति से घायल पड़े थे। हनुमान उनकी रक्षा के लिए हिमाचल प्रदेश से संजीवनी नामक दवा लेकर लौट रहे थे कि अयोध्या के नाके पर पकड़ लिये गए। पकड़नेवाले नाकेदार को हनुमान ने पीटकर लिटा दिया। राजधानी में हल्ला मच गया कि बड़ा बलशाली 'स्मगलर' आया हुआ है। पूरी फोर्स भी उसका मुकाबला नहीं कर पा रही।

आखिर भरत और शत्रुघ्न आए। हनुमान अपने आराध्य रामचन्द्र के भाइयों को देखकर दब गए।

शत्रुघ्न ने कहा—इन स्मगलरों के मारे नाक में दम है। भैया, आप तो संन्यास लेकर बैठ गए हैं। मुझे भुगतना पड़ता है।

भरत ने हनुमान से पूछा—कहाँ से आ रहे हो?

हनुमान—हिमाचल प्रदेश से।

भरत—क्या है तुम्हारे पास? सोने के बिस्कुट, गाँजा, अफीम?

हनुमान—दवा है।

शत्रुघ्न ने कहा—अच्छा दवाइयों की स्मगलिंग चल रही है! निकालो, कहाँ है।

हनुमानजी ने संजीवनी निकालकर रख दी। कहा—मुझे आपके बड़े भाई रामचन्द्र ने इस दवा को लेने के लिए भेजा था।

शत्रुघ्न ने भरत की तरफ देखा, बोले—बड़े भैया यह क्या करने लगे हैं। स्मगलिंग में लग गए हैं। पैसे की तंगी थी तो हमसे मँगा लेते। स्मगलिंग के धन्धे में क्यों फँसते हैं! इससे बड़ी बदनामी होती है।

भरत ने हनुमान से पूछा—यह दवा कहाँ ले जा रहे थे? कहाँ बेचोगे इसे?

हनुमान ने कहा—लंका ले जा रहा था।

भरत ने कहा—अच्छा, वहाँ उत्तर भारत का स्मगल किया हुआ माल बिकता है। कौन खरीदते हैं? रावण के लोग।

हनुमान ने कहा—यह दवा तो मैं राम के लिए ही ले जा रहा था। बात यह है कि आपके भाई लक्ष्मण घायल पड़े हैं। वे मरणासन्न हैं। इस दवा के बिना वे बच नहीं सकते।

भरत और शत्रुघ्न ने एक-दूसरे की तरफ देखा। तब तक रजिस्टर में स्मगलिंग का मामला दर्ज हो चुका था।

शत्रुघ्न ने कहा—भरत भैया, आप ज्ञानी हैं। इस मामले में नीति क्या कहती है? शासन का क्या कर्तव्य है?

भरत ने कहा—स्मगलिंग तो अनैतिक है। पर स्मगल किए हुए सामान से अपना या अपने भाई-भतीजे का फायदा होता है, तो यह काम नैतिक हो जाता है। जाओ हनुमान, ले जाओ दवा।

मुंशी से कहा—रजिस्टर का पन्ना फाड़ दो।

अयोध्या में खाता-बही

पोथी में लिखा है—जिस दिन राम रावण को परास्त करके अयोध्या आए, सारा नगर दीपों से जगमगा उठा। यह दीपावली-पर्व अनन्तकाल तक मनाया जाएगा। पर इसी पर्व पर व्यापारी खाता-बही बदलते हैं और खाता-बही लाल कपड़े में बाँधी जाती है।

प्रश्न है—राम के अयोध्या आगमन से खाता-बही बदलने का क्या सम्बन्ध? और खाता-बही लाल कपड़े में ही क्यों बाँधी जाती है?

बात यह हुई कि जब राम के आने का समाचार आया तो व्यापारी वर्ग में खलबली मच गई। वे कहने लगे, "सेठजी, अब बड़ी आफत है। भरत के राज में तो पोल चल गई। पर राम मर्यादा पुरुषोत्तम हैं। वे टैक्स की चोरी बर्दाश्त नहीं करेंगे। वे अपने खाता-बही जाँच करेंगे। और अपने को सजा होगी।"

एक व्यापारी ने कहा, "भैया, तब तो अपना नम्बर दो का मामला भी पकड़ लिया जाएगा।"

अयोध्या के नर-नारी तो राम के स्वागत की तैयारी कर रहे थे, पर व्यापारी वर्ग घबरा रहा था।

अयोध्या पहुँचने के पहले ही राम को मालूम हो गया था कि उधर बड़ी पोल है। उन्होंने हनुमान को बुलाकर कहा, "सुनो पवनसुत, युद्ध तो हम जीत गए लंका में, पर अयोध्या में हमें रावण से भी बड़े शत्रु का सामना करना पड़ेगा, वह है—व्यापारी वर्ग का भ्रष्टाचार। बड़े-बड़े वीर व्यापारी के सामने परास्त हो जाते हैं। तुम अतुलित बल-बुद्धि निधान हो। तुम्हें मैं इनफोर्समेंट ब्रांच का डायरेक्टर नियुक्त करता हूँ। तुम अयोध्या पहुँचकर व्यापारियों के खाते-बहियों की जाँच करो और झूठे हिसाब पकड़ो। सख्त से सख्त सजा दो।"

इधर व्यापारियों में हड़कम्प मच गई। कहने लगे, "अरे भैया, अब तो मरे। हनुमानजी इनफोर्समेंट ब्रांच में डायरेक्टर नियुक्त हो गए। बड़े कठोर आदमी हैं। शादी-ब्याह नहीं किया। न बाल-बच्चे। घूस भी नहीं चलेगी।"

व्यापारियों के कानूनी सलाहकार बैठकर विचार करने लगे। उन्होंने तय किया कि खाता-बही बदल देना चाहिए। सारे राज्य में 'चैम्बर ऑफ कॉमर्स' की तरफ से आदेश चलाया गया कि दीपोत्सव पर खाता-बही बदल दिए जाएँ।

फिर भी व्यापारी वर्ग निश्चिन्त नहीं हुआ। हनुमान को धोखा देना आसान बात नहीं थी। वे अलौकिक बुद्धिसम्पन्न थे। उन्हें खुश कैसे किया जाए। चर्चा चल पड़ी—

— कुछ मुट्ठी गरम करने से काम नहीं चलेगा।

— वे एक पैसा नहीं लेते।

— वे न लें, पर मेम सा'ब?

— उनकी मेम सा'ब ही नहीं हैं। साहब ने मैरिज नहीं की। जवानी लड़ाई में काट दी।

— कुछ और शौक तो होंगे? दारू और बाकी सब कुछ?

— वे बाल ब्रह्मचारी हैं। कॉल गर्ल को मारकर भगा देंगे। कोई नशा नहीं करते। संयमी आदमी हैं।

— तो क्या करें?

— तुम्हीं बताओ, क्या करें?

किसी सयाने वकील ने सलाह दी—जो जितना बड़ा होता है उतनी ही चापलूसी पसन्द करता है। हनुमान की कोई माया नहीं है। वे सिन्दूर शरीर पर लपेटते हैं तथा लाल लँगोट शरीर पर पहनते हैं। उन्हें खुश करना आसान है। व्यापारी खाता-बही लाल कपड़े में बाँधकर रखें।

रातो-रात खाता-बही बदल गए तथा उन्हें लाल कपड़ों में लपेट दिया गया।

दूसरे दिन हनुमान कुछ दरोगाओं को लेकर अयोध्या के बाजार में निकल पड़े।

पहले व्यापारी के पास गए। बोले, "खाता-बही निकालो। जाँच होगी।"

व्यापारी ने लाल बस्ता निकालकर आगे रख दिया। हनुमान ने देखा, लँगोट और खाते का कपड़ा एक है। खुश हुए।

बोले, "मेरे लँगोट के कपड़े में खाता-बही बाँधते हो?"

व्यापारी ने कहा, "हाँ, बल-बुद्धि निधान, हम आपके भक्त हैं। आपके निशान मानते हैं। आपकी पूजा करते हैं।"

हनुमान गद्‌गद हो गए।

व्यापारी ने कहा, "बस्ता खोलूँ। जाँच कर लीजिए।"

हनुमान ने कहा, "रहने दो। मेरा भक्त बेईमान नहीं हो सकता।"

हनुमान जहाँ भी जाते, लाल लँगोट के कपड़े में बँधे खाता-बही देखते। वे बहुत खुश हुए। उन्होंने कहीं हिसाब की जाँच नहीं की।

रामचन्द्र को रिपोर्ट दी कि अयोध्या के व्यापारी बड़े ईमानदार हैं। उनके हिसाब बिल्कुल ठीक हैं।

हनुमान विश्व के प्रथम साम्यवादी थे। सर्वहारा के नेता थे। उन्हीं का लाल रंग आज के साम्यवादियों ने लिया है।

पर सर्वहारा के नेता को सावधान रहना चाहिए कि उनके लँगोट से बुर्जुआ खाता-बही न बाँध लें।

संसद और मंत्री की मूँठ

संसद की कार्यवाही को लेकर बार-बार यह बात उठाई जाती है कि प्रति दिन संसद पर कितना खर्च आता है? प्रति मिनट कितने रुपए लग जाते हैं? हर प्रश्न पर कितना खर्च होता है?

ये सवाल यों बेमानी हैं। संसद किसी से पैसा माँगने नहीं जाती। वह खुद बजट पास करती है। जो बजट पास करे, उसे चाहे जितना खर्च करने का हक है।

संसद का कीमती समय कैसे मजे में कट सकता है, इसकी एक मिसाल दे रहा हूँ।

एक दिन गुलजारीलाल नन्दा (रेलमंत्री) जब सदन में घुसे, तो सदस्यों ने देखा, उनकी मूँछें सफाचट हैं। नन्दाजी के सींकिया बदन पर मूँछें बहुत फबती हैं। वे रेलमंत्री होते हुए भी सुरक्षा मंत्री लगते हैं।

सदन में कानाफूसी हुई और एक जनसंघी सदस्य ने कार्यवाही रोकते हुए कहा—अध्यक्ष महोदय, नन्दाजी की मूँछें आज नहीं हैं। हम जानना चाहते हैं कि उनकी मूँछों का क्या हुआ? क्या उन्होंने खुद मूँड़ लीं या कोई और मूँड़ ले गया।

दूसरा जनसंघी—यह साधारण घटना नहीं है। इस मंत्रिमंडल में सिर्फ नन्दाजी की ही मूँछें हैं।

सत्ता कांग्रेसी—यह गलत है। जगजीवनराम की भी मूँछें हैं।

जनसंघी—हम जगजीवनराम की मूँछ को मूँछ नहीं मानते।

सत्ता कांग्रेसी—तुम्हें मानना होगा। हम साम्प्रदायिक प्रतिक्रियावादियों की यह धाँधली नहीं चलने देंगे कि वे हमारे अध्यक्ष की मूँछ को मूँछ ही न मानें। हम हर मोर्चे पर प्रतिक्रियावादियों से निपटने को तैयार हैं चाहे वह मूँछ का मोर्चा ही क्यों न हो!

जनसंघी—यह मामला साधारण नहीं है। नन्दाजी साधारण मंत्री नहीं हैं। हमारे गोरक्षा आन्दोलन के वक्त वही गृहमंत्री थे। फिर वे दो बार दो प्रधानमंत्रियों के बीच के दिनों में प्रधानमंत्री रहे। उनकी मूँछ देश की मूँछ है। फिर मूँछ भारतीय संस्कृति में उत्तम पौरुष का प्रतीक है।

द्रमुक सदस्य—गलत है। राम और कृष्ण की मूँछें नहीं थीं। कोई भी फोटो उठाकर देख लीजिए। उत्तर भारत का यह साम्राज्यवाद नहीं चलेगा।

संगठन-कांग्रेसी—अविभाजित कांग्रेस होती और हम साथ होते तो ऐसा नहीं होने देते। अनुशासनहीनता की हद है कि दल की कार्यकारिणी में निर्णय हुए बिना कोई मंत्री मूँछें साफ करा ले। हमारे पास पक्की जानकारी है कि कम्युनिस्टों के दबाव में आकर नन्दाजी ने मूँछें साफ करवा ली हैं। हमारे दल के एक सदस्य ने आज सुबह भूपेश गुप्त को नन्दाजी की मूँछ पर उस्तरा चलाते देखा।

साम्यवादी—गलत है। हम इस सरकार को सिर्फ कार्यक्रम के आधार पर समर्थन देते हैं और उस कार्यक्रम में नन्दाजी की मूँछों का उल्लेख नहीं है। न हमारा काम कांग्रेस की मूँछ की हिफाजत है, न उसे काटना। यह सारी साजिश सी.आई.ए. की है। जब से दिल्ली प्रशासन जनसंघ के हाथों में आया है तब से राजधानी में कई सी.आई.ए. एजेन्ट हो गए हैं। इसीलिए भूपेश गुप्त कलकत्ता में हजामत बनवाते हैं और हम केरल में।

प्रसोपाई—हम भी मामले में कुछ कहते पर हमारी इस समय सत्ता कांग्रेस से समझौता-वार्ता चल रही है।

संसोपाई—तुम तो इन्दिरा की पैर की जूती हो।

प्रसोपाई—शटअप!

भाक्रान्दी—क्या यह सही है कि नन्दाजी की मूँछें उसी मुगलसरायवाले साधु ने मूड़ी हैं, जिसे उन्होंने भ्रष्टाचार रोकने के काम में लगा रखा है? अगर यह सच है

तो चिन्ता की बात है। जो साधु रेलमंत्री की मूँछें काट ले, वह इंजन भी गायब कर सकता है।

मार्क्सवादी—संशोधनवादियों से समझौता करोगे, तो मूँछें तो जाएँगी ही। जिस दिन केरल में इनका मोर्चा बना था, उसी दिन हमने भविष्यवाणी कर दी थी कि एक दिन नन्दाजी की मूँछें जाएँगी।

अध्यक्ष ने अब नन्दाजी की तरफ देखा। नन्दाजी उठे और वक्तव्य दिया—मैं सिर्फ इतना जानता हूँ कि सुबह मैंने हजामत बनाई, नहाया और खाकर लोकसभा में आ गया। मूँछें हैं या नहीं, यह भी मैं नहीं कह सकता। सरकार इसकी जाँच करेगी।

कई सदस्य—हाथ फेरकर देख लीजिए न।

नन्दाजी—मैं सदस्यों की यह माँग स्वीकार नहीं कर सकता। मैं मूँछ पर हाथ नहीं फेरूँगा। सरकार का काम करने का एक तरीका है। वह जल्दबाजी में कुछ नहीं करेगी।

कई सदस्य—सदन को तथ्य जानने का हक है।

नन्दा—तो मैं कह तो रहा हूँ कि एक जाँच समिति बिठा रहा हूँ जो यह जाँच करेगी कि पहले मेरी मूँछ थी या नहीं। अगर थी तो अब है या नहीं है? अगर नहीं है तो क्यों नहीं है?

कई सदस्य—कमेटी की जाँच होने तक तो मूँछें फिर बढ़ जाएँगी। अभी सदन में इसका फैसला हो जाना चाहिए।

अब प्रधानमंत्री ने हस्तक्षेप किया—जब वे कह रहे हैं कि जाँच समिति बिठा रहे हैं, तो सदस्यों को सन्तुष्ट हो जाना चाहिए। सरकार किसी तथ्य पर पर्दा नहीं डालना चाहती है।

एक सदस्य—इसकी न्यायिक जाँच होनी चाहिए।

प्रधानमंत्री—अच्छा, न्यायिक जाँच हो जाएगी! जस्टिस खोसला अभी खाली नहीं हैं। वे नेताजी की मृत्यु की जाँच से निपट जाएँ, तब नन्दाजी की मूँछ का मामला उन्हें सौंप देंगे।

एक संसोपाई—धिक्कार है! यह 'राष्ट्रीय शर्म' की सरकार है। इन्दिरा गांधी के मंत्रिमंडल में शामिल होनेवालों की खैर नहीं है। इन्दिरा हटाओ, देश बचाओ।

दूसरा संसोपाई—नहीं, पूना में नारा बदल गया है। इन्दिरा हराओ, देश बचाओ।

पहला संसोपाई—चुप रह बे, राजनारायण के बच्चे!

दूसरा संसोपाई—चुप रह रे, जोशी की रखैल।

पहला संसोपाई—थू-थू!

दूसरा संसोपाई—थू-थू!

अध्यक्ष—माननीय सदस्य सदन छोड़ दें।

दोनों—हम नहीं निकलेंगे। हम सीट के नीचे घुस जाएँगे। हम कुर्सी की टाँग से चिपक जाएँगे।

अध्यक्ष—मैं कहता हूँ, दोनों सदस्य सदन से बाहर चले जाएँ। यह क्या तमाशा है! जब से मैं स्पीकर हुआ हूँ मेरा दिमाग इतना खराब हो गया है कि मैं बीवी की प्रेम की बात सुनकर भी 'ऑर्डर-ऑर्डर' चिल्लाता हूँ।

अध्यक्ष मार्शल को हुक्म देते हैं।

दोनों संसोपाई सीट के नीचे घुस जाते हैं। मार्शल को उन्हें उठाकर बाहर ले जाने में बीस मिनट लग जाते हैं। पूरा महा गठबन्धन वाकआउट कर जाता है।

सदन का एक घंटा खत्म होता है।

अनुशासन

एक अध्यापक था। वह सरकारी नौकरी में था। मास्टर की पत्नी बीमार थी। अस्पताल में थी। तभी उसके तबादले का ऑर्डर हो गया। शिक्षा विभाग के बड़े साहब उसी मुहल्ले में रहते थे। उनका बँगला मास्टर के घर से दिखता था। वह उनके बँगले के सामने से निकलता तो उन्हें सादर 'नमस्ते' कर लेता। मास्टर ने सोचा, साहब से कहूँ तो वे फिलहाल मेरा तबादला रोक देंगे।

वह साहब के घर गया। बरामदे में बड़े साहब ने पूछा—क्यों ? क्या बात है ?

—साहब, एक प्रार्थना है।

—बोलो।

—मेरी पत्नी अस्पताल में भर्ती है। वह बहुत बीमार है।

—तो ?

—मेरा तबादले का ऑर्डर हो गया है।

—तो?

—सर, कृपा कर फिलहाल मेरा तबादला कैंसिल कर दें।

साहब नाराज हुए। बोले—तुम्हें अनुशासन के नियम मालूम हैं? तुम सीधे मुझसे मिलने क्यों आ गए? तुम्हें आवेदन करना चाहिए 'थ्रू प्रॉपर चैनल।' तुम्हें अपने हेडमास्टर की लिखित अनुमति के साथ मुझसे मिलना चाहिए। जाओ, तबादला कैंसिल नहीं होगा। तुम्हें अनुशासन भंग करने के लिए डाँट भी पड़ेगी।

मास्टर को डाँट पड़ी। आइन्दा साहब से सीधे नहीं मिलने की चेतावनी मिली। मास्टर ने दो महीने की छुट्टी ले ली।

एक शाम साहब के घर में आग लग गई। आसपास के लोग आग बुझा रहे थे।

मास्टर बरामदे में खड़े हुए देख रहे थे। आग बुझ गई। अधिक नुकसान नहीं हुआ।

दूसरे दिन मास्टर निकले तो साहब फाटक पर खड़े थे। साहब ने कहा—मास्टर साहब, कल शाम को मेरे घर में आग लगी थी तो तुम खड़े-खड़े देखते रहे। बुझाने नहीं आए।

मास्टर ने नम्रता से कहा—सर, मैं मजबूर था। हेडमास्टर साहब बाहर गए हैं। उनकी लिखित अनुमति के बिना कैसे आता? आपकी आग बुझाने के लिए **'थ्रू प्रॉपर चैनल'** आना चाहिए न!

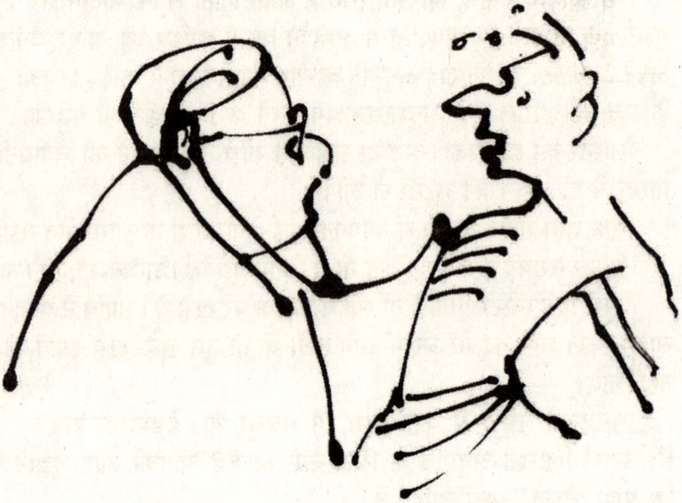

आफ्टर ऑल आदमी

तारीख उन्नीस मार्च को लोकसभा के लिए मतदान होना था। सरकार तब कांग्रेस की थी।

अठारह मार्च की शाम को पड़ोस के दो-तीन लोगों के साथ बैठा मैं चुनाव पर बात कर रहा था। 'वे' भी थे।

एक ने कहा—कल मतदान हो जाएगा।

दूसरे ने कहा—इस बार जनता पार्टी का बड़ा जोर है।

वे बोले—हम तो जी, कांग्रेस को ही वोट देंगे। आफ्टर ऑल हम सरकारी नौकर हैं।

मतदान हो गया।

बाईस तारीख को चुनाव परिणामों की घोषणा के बाद हम लोग फिर बैठे बातें कर रहे थे।

एक ने कहा—अब तो जनता पार्टी की सरकार बन ही गई।

दूसरे ने कहा—किसी को उम्मीद नहीं थी कि कांग्रेस इस बुरी तरह हारेगी और जनता पार्टी इस तरह जीतेगी।

वे बोले—ठीक है जी, हमारा वोट जनता पार्टी के काम आया।

मुझे याद आया कि ये तो कह रहे थे कि मैं कांग्रेस को वोट दूँगा। मैंने उनसे पूछा—तो क्या आपने जनता पार्टी को वोट दिया था?

वे बोले—हाँ जी, आफ्टर ऑल हम सरकारी नौकर हैं।

बाप-बदल

वे बड़े आदमी थे। अच्छे आदमी थे। उनका स्वर्गवास हो चुका था। पर वे पुण्यात्मा थे। इसलिए उनका सौवाँ जन्मदिन तब पड़ रहा था, जब उनका लड़का मुख्यमंत्री था। जन्मदिन तो वे बदल नहीं सकते थे। पर उनके पुण्य-प्रताप से ही यह व्यवस्था हो सकी कि इस शुभ अवसर पर उनका लड़का मुख्यमंत्री रहे।

स्वर्गीय का नाम पंडित रविनारायण मान लिया जाए और उनके बेटे मुख्यमंत्री का नाम श्री रामचरणजी।

सारे प्रदेश में शोर था। शतवार्षिकी समारोह की तैयारियाँ बड़े जोर पर थीं। कमेटियाँ बन गई थीं जिनमें मुख्यमंत्री की पार्टी के लोग—चमचे, उपचमचे, असिस्टेंट चमचे, चापलूस, लाभ उठानेवाले, मंत्री बनने के इच्छुक दरबारी, सरकारी अफसर आदि थे। ऐसा लगता था कि स्वर्गीय इनके सगे पिता थे। स्वर्गीय पिता का जन्मदिन

16 सितम्बर को पड़ता था। हर नगर में इस दिन समारोह होना था। प्रादेशिक समिति से जिलों की इकाइयों को आदेश जा रहे थे कि महात्मा गांधी की जयन्ती से शानदार समारोह होना चाहिए।

सब तैयारियाँ पूर्ण। विकट उत्साह।

समारोह 16 सितम्बर को होना था। 10 सितम्बर को मुख्यमंत्री रामचरणजी की पार्टी में अल्पमत हो गया। उन्हें इस्तीफा देना पड़ा। उनकी जगह पंडित शारदाप्रसाद मुख्यमंत्री हो गए।

11 सितम्बर को पंडित रविनारायण शतवार्षिकी समारोह की संयोजन समिति की संकटकालीन बैठक हुई। सब सदस्य घबराए हुए थे।

— अब क्या करें?

— किसी को क्या पता था कि रामचरणजी का मंत्रिमंडल ऐन मौके पर गिर जाएगा। अब शतवार्षिकी समारोह कैसे करें? क्या समारोह नहीं करने की घोषणा कर दें?

— अब समारोह कैसे रुक सकता है? तैयारी हो चुकी है।

— लेकिन अब उनके जन्मदिन का समारोह करने से फायदा ही क्या? रामचरणजी तो मुख्यमंत्री रहे नहीं।

— फायदे की नहीं, नुकसान की सोचो। नए मुख्यमंत्री पंडित शारदाप्रसाद रामचरणजी के घोर शत्रु हैं। वे देखेंगे कि रामचरणजी के पिता का जन्मदिन मना रहे हैं, तो हम लोग उनकी 'ब्लैक लिस्ट' में आ जाएँगे।

— बुरी आफत में फँस गए।

— पर समारोह तो रुक नहीं सकता।

— हाँ, अब तो समारोह करना ही पड़ेगा।

— तो कोई रास्ता निकालो।

विचार के बाद रास्ता निकला। समारोह तो मनाया ही जाएगा।

पर यह सूचना प्रकाशित कर दी गई—

पंडित रविनारायण का सौवाँ जन्मदिन यथावत् मनाया जाएगा। पर जनता की जानकारी के लिए निवेदन है कि पंडित रविनारायण 10 तारीख तक पंडित रामचरण के पिता थे। पर 11 तारीख से वे वर्तमान मुख्यमंत्री शारदाप्रसादजी के पिता हो गए हैं।

लड़ाई

चोपड़ा साहब और साहनी साहब के बँगले लगे हुए थे। बीच में एक दीवार थी।

दोनों एक-एक कुत्ता पाले थे। कुत्ते भयंकर थे और मुहल्ले के लोग डरते-डरते सड़क के दूसरे किनारे से निकलते थे।

यों चोपड़ा साहब और साहनी साहब का स्वभाव और व्यक्तित्व ऐसा था कि उन्हें अलग से कुत्ता रखने की जरूरत नहीं थी। वे ही काफी थे।

एक दिन पता नहीं चोपड़ा साहब का कुत्ता साहनी साहब के अहाते में घुसा या साहनी साहब का कुत्ता चोपड़ा साहब के अहाते में—पर दोनों कुत्ते सड़क पर लड़ते पाए गए।

चोपड़ा साहब और साहनी साहब फौरन सड़क पर आए। पहले तो उन्होंने अपने-अपने कुत्ते सँभाले। कुत्ते अपने-अपने मालिक की टाँगों से लिपटने लगे।

चोपड़ा ने कहा—दस बार कह दिया कि अपने कुत्ते को सँभालकर रखा करो।

साहनी ने कहा—तुम अपने कुत्ते को सँभालो न। वही तो हमारे अहाते में घुस आया था। न जाने किस चोर नस्ल का कुत्ता है!

— चोर नस्ल का कुत्ता है तुम्हारा।

— तुम , तुम चोर नस्ल के हो और तुम्हारा कुत्ता भी। जैसा मालिक वैसा कुत्ता।

— चोर तुम हो जी। पी.डब्ल्यू.डी. के ठेकेदारों से पैसा खाकर बँगला बनवा लिया है।

— तुम चार सौ बीस हो। स्मगलिंग करके ठाठ करते हो।

दोनों कुत्ते अपने-अपने मालिक की टाँगों से लिपटकर उन्हें प्रोत्साहित कर रहे थे।

— कहे देता हूँ, इधर तुम्हारा कुत्ता आया तो गोली मार दूँगा।

— और तुम्हारा कुत्ता उधर आया तो उसे गोली मार दूँगा और तुम्हें भी।

— तू गोली मारेगा कुत्ते की औलाद!

— तू सूअर के।

वहाँ भीड़ लग गई थी।

एक राहगीर ने एक आदमी से पूछा—क्यों जी, मामला क्या है?

उस आदमी ने जवाब दिया—कुछ नहीं जी, कुत्तों की लड़ाई है!

खून

मेरे पड़ोसी की पत्नी अस्पताल में भर्ती है। वे दिन-भर वहीं वार्ड में रहते हैं और शाम को वहाँ के दिलचस्प वाकयात सुनाते हैं। एक दिन शाम को कहने लगे, ''कई दिन से वहाँ पड़े एक मरीज के भाई ने मुझे बुलाया और कहा...जरा इस खम्भे से लगकर खड़े हो जाइए। अब खम्भे में कान लगाइए। कुछ सुनाई देता है? इस अस्पताल का खम्भा भी पैसा माँगता है। सुना आपने?''

एक और शाम उन्होंने यह घटना सुनाई—

''गाँव के दो जवान आदमी अपनी बीमार माँ को लेकर आए। बुढ़िया को भर्ती कर लिया गया। अब डॉक्टर, नर्स वगैरह आने लगे। लड़के वहीं उसके बिस्तर के पास बैठ गए। बुढ़िया ठेठ देहाती और बड़ी तेज-तर्रार। डॉक्टर ने लड़कों से कहा, ''इनका ऑपरेशन होगा।''

बुढ़िया ने तपाक से कहा, ''हाँ-हाँ, कर दो न ऑपरेशन। मैं क्या इधर तुम्हारी सूरत देखने आई हूँ?''

नर्स आई। उसने बुखार देखा। बुढ़िया ने पूछा, ''तेरे कितने बच्चे हैं?''

नर्स ने कहा, ''कोई नहीं?''

बुढ़िया ने कहा, ''अरी, तेरी इतनी उमर हो गई और तेरे कोई बच्चा नहीं है। तू तो डॉक्टरनी है। दूसरियों को बच्चा देती है...और तेरा अपना ही बच्चा नहीं है?''

क्वारी नर्स मुस्कराकर चली गई।

अब साहब मजा तब आया जब डॉक्टर ने लड़कों से कहा, ''इन्हें खून चढ़ाना पड़ेगा दो बोतल! तुम्हें खून देना पड़ेगा।''

बुढ़िया तर्राकर उठ बैठी। कर्री आवाज में डॉक्टर से बोली, ''ए डॉक्टर साहब, मेरे लड़के खून नहीं देंगे।''

डॉक्टर ने कहा, ''मगर बिना खून दिए ऑपरेशन नहीं हो सकता, माँजी।''

बुढ़िया ने कहा, ''तो मत होने दे ऑपरेशन। मेरे लड़के खून नहीं देंगे। आए बड़े मेरे बेटों का खून लेनेवाले। जितना चाहिए मेरा खून ले ले। बाद में मेरे को ही डाल देना।''

डॉक्टर ने कहा, ''ऐसा नहीं होता। लड़कों को खून देना पड़ेगा। ऑपरेशन नहीं होगा तो तुम बचोगी नहीं।''

बुढ़िया ने कहा, ''मर जाऊँगी तो मर जाने दो। मेरे लड़के खून नहीं देंगे। कल-परसों से ये खेत में बौनी करेंगे और तुम इनका खून निकालना चाहते हो।''

डॉक्टर ने कहा, ''यह तो बड़ी मुश्किल है। तुम्हारे दो जवान बेटे हैं, और तुम्हारे लिए थोड़ा-सा खून नहीं दे सकते!''

बुढ़िया ने कहा, ''अरे डॉक्टर तुम तो पढ़े-लिखे हो। लड़कों का खून काम करने के लिए है कि मरती हुई बुढ़िया के बदन में डालने के लिए। कल-परसों से वे बौनी करेंगे और तुम उनसे खून माँगते हो?''

डॉक्टर परेशान हो गए। आसपास के कुछ लोग इकट्ठे हो गए। मेडिकल कॉलेज के चार-छह छात्र-छात्राएँ वहाँ आ गए।

बुढ़िया ने कहा, ''तुम कैसी डॉक्टरी पढ़े हो डॉक्टर साहब? अरे, तुमको ऐसे आदमी नहीं मिलते जिनके खून भरा है और जिन्हें काम नहीं करना पड़ता। उनका खून लेकर दिया करो। मेरे लड़कों को तो कल-परसों से बौनी करना है।''

अब साहब कॉलेज के उन लड़के-लड़कियों में धीरे-धीरे कुछ बातें हुईं। उनमें सबसे बड़े लड़के ने डॉक्टर से कहा, ''सर, शायद बुढ़िया ठीक कहती है।''

डॉक्टर ने कहा, ''क्या ठीक कहती है? एक-एक पाइंट खून देने से इनका क्या बिगड़ता है।''

लड़के ने कहा, ''सर, बुढ़िया कहती है कि जिनके पास खून है पर जो काम नहीं करते, उनसे खून लेना चाहिए। काम करनेवाले का खून नहीं लेना चाहिए, सर, आप ऑपरेशन का दिन फिक्स कर दीजिए। खून का इन्तजाम हम कर देंगे।''

सुशीला

पांडेजी की लड़की थी। सुशीला नाम था। अच्छी पढ़ी-लिखी थी। सुन्दर थी। पांडेजी सरयूपारी ब्राह्मण थे। दो पीढ़ी पहले वे सरयू छोड़कर मध्य प्रदेश में आ बसे थे। यहाँ की रोटी खाई थी। यहीं का पानी पिया था। मगर लड़की की शादी की बात उठती तो ललककर उत्तर प्रदेश की तरफ देखते थे। शुद्ध सरयूपारी परिवार मिल जाए तो क्या बात है!

पांडेजी रिटायर हो चुके थे। सुशीला से छोटा एक लड़का था। उन्हें लड़की की शादी की बड़ी चिन्ता थी। वे वर तलाशने उत्तर प्रदेश के चक्कर लगाते थे। वहाँ के शुद्ध 'सरयूपारी ब्राह्मण आम बाजार-भाव से तो लड़के की कीमत माँगते ही थे, इनके 'अशुद्ध' होने का दंड पाँच-छह हजार और माँगते थे। पांडेजी सुशीला के लिए वर तय करने की चिन्ता में पड़े उत्तर प्रदेश के चक्कर लगा रहे थे।

इधर सुशीला एक कायस्थ इंजीनियर के साथ भागकर बम्बई चली गई। बम्बई में इंजीनियर के बहन-बहनोई थे। वे उनके यहाँ ठहरे। कोर्ट में शादी हो गई।

पांडेजी लौटे तो कुहराम मचा। उस लड़के के माँ-बाप से झगड़ आए। पुलिस में रिपोर्ट की। कहने लगे, "लड़की ने मुँह काला करा दिया। वह हमारे लिए मर चुकी।"

कुछ दिन बाद पांडेजी को सुशीला की चिट्ठी मिली। लिखा था—

पूज्य बाबूजी,

आप बहुत दुखी और नाराज होंगे। मैंने रमेश वर्मा के साथ शादी कर ली है। रमेश को आप अच्छी तरह जानते हैं। आपको वह बहुत पसन्द भी है। आप उसकी बहुत तारीफ करते रहे हैं। मैं आपकी परेशानी देख रही थी। थोड़ी-सी आपकी पेंशन है। कुछ प्रॉविडेंट फंड है। छोटे भाई को पढ़ा-लिखाकर आपको योग्य बनाना है। मेरी शादी अगर आप करते तो सारा प्रॉविडेंट फंड चला जाता और कर्ज भी हो जाता।

आपका दुख मैं समझती हूँ। लोग ताने भी देते होंगे। पर आप कह सकते हैं कि बेटी हो तो सुशीला जैसी, जो पिता का प्रॉविडेंट फंड बचा दे। मैंने कम-से-कम इतनी सेवा तो आपकी की ही है कि आपका प्रॉविडेंट फंड बचा दिया। ऐसी लड़की भाग्य में कहाँ होती है!

आजादी की घास

हम तीन मित्र थे। हम पढ़ते थे, जब सन् 42 का 'अंग्रेजो भारत छोड़ो' आन्दोलन चला। हमारे नेता ने हमें ललकारा। वे नारा देते थे—गुलामी के घी से आजादी की घास अच्छी है। हम उत्साही थे ही। आन्दोलन में जोर-शोर से हिस्सा लिया। जेल गए। हमारे नेता का नारा था—गुलामी के घी से आजादी की घास अच्छी।

जेल से छूटे। पढ़ाई पूरी की। आजादी आ गई। हम डिग्रियाँ लिये शहर के चक्कर लगाने लगे।

हमारे नेता अब मंत्री हो गए थे। एक दिन हम उनके बँगले के सामने से निकले। देखा, बँगले के अहाते में बहुत अच्छी घास हवा में हिलोरें ले रही थी। देशी और विलायती बढ़िया घास! हमारा जी ललचाने लगा। आजादी की घास कितनी अच्छी होती है।

हम बँगले में घुस गए। हमने उन्हें याद दिलाया कि हम उनके नेतृत्व में आजादी की लड़ाई लड़े थे। हमने नारे लगाए थे—गुलामी के घी से आजादी की घास अच्छी होती है।

मंत्रीजी ने कहा, "ठीक है, ठीक है। तुम कैसे आए? क्या चाहते हो?"

हमने कहा, "आपके अहाते में इतनी बढ़िया आजादी की घास लगी है। हम थोड़ी-सी खाना चाहते हैं।

मंत्रीजी ने कहा, "तुम्हें वह घास नहीं मिलेगी। वह मेरे पालतू गधों के खाने के लिए है।"

तिवारीजी की कला

तिवारीजी बहुत अच्छे आदमी हैं। उनका पुत्र अविनाश अच्छा युवक है। वह लखनऊ में इंजीनियर हैं।

तिवारीजी को अविनाश की शादी करनी है। ये 'टेंडर' लेते जा रहे थे। कोई अपनी लड़की की बात करने आता, तो वे कहते, ''कानपुर के मिसिरजी तीस हजार कह गए हैं, इलाहाबाद के दुबेजी पैंतीस देने को तैयार हैं। ग्वालियर के पांडेजी चालीस हजार कह गए हैं। आप अपना बता दीजिए। नोट कर लेता हूँ। आपको निर्णय सूचित कर दूँगा।''

वह आदमी कहता, ''तिवारीजी, चालीस–पैंतालीस हजार तो आई.ए.एस. के लगते हैं। आपके चिरंजीव तो इंजीनियर हैं।''

तिवारीजी कहते, ''आपको नए रेट नहीं मालूम। आई.ए.एस. तो एक लाख का हो गया है।''

लखनऊ में ही एक पांडेजी थे। मामूली हैसियत के आदमी थे। अविनाश का उनके परिवार में जाना होता था। उनकी लड़की थी—रजनी। अविनाश को वह बहुत पसन्द थी। अविनाश की माँ एक शादी में लखनऊ गई थीं, तब उसे देखा था। उनके घर भी गई थीं। लड़की उन्हें बहुत पसन्द आई। तिवारन ने तिवारीजी से कहा, "अपने अविनाश के लिए तो वह लड़की बहुत अच्छी रहेगी।"

पांडेजी बात करने आए। तिवारीजी ने कहा, "हमें आपकी बेटी को बहू के रूप में पाकर प्रसन्नता होगी। लड़के की भी यही इच्छा है। पर परम्परा को तो निभाना पड़ता है। बाप-दादों की लीक से हटा नहीं जाता। धर्म का पालन न करने से अमंगल होता है। आगरा के पांडेजी चालीस हजार देने को तैयार हैं। पर हम आपसे सिर्फ तीस हजार में सम्बन्ध तय कर लेंगे। इससे कम नहीं होगा।"

लड़की के पिता ने अपनी असमर्थताएँ बताईं। प्रार्थना की कि कुछ कम करें, पर तिवारीजी धर्म के मार्ग से नहीं हटे। आखिर पांडेजी यह कहकर चले गए कि मैं पन्द्रह दिनों में आपको जवाब दूँगा।

पन्द्रह-बीस दिनों बाद पांडेजी तो नहीं आए, अविनाश का पत्र आया—

पूज्य पिताजी,

रजनी के पिता पांडेजी आपसे मिले थे। आपने उनसे तीस हजार माँगे थे। आपने उचित ही किया। पर पांडेजी की आर्थिक हालत अच्छी नहीं है। उनकी पुत्री को पुत्रवधू के रूप में पाकर आपको सन्तोष होगा। पर वे लोग अपना मकान बेचकर बीस हजार का प्रबन्ध करने की कोशिश कर रहे हैं। मैंने सोचा कि अगर रजनी के पिता ने मकान बेचकर आपको रुपए दिए तो वह परिवार संकट में पड़ जाएगा और इसका असर रजनी पर पड़ेगा। किसी भी लड़की पर पड़ेगा। रजनी की शादी तो हो जाएगी, पर वह आपको जीवन-भर नीच और दुष्ट मानेगी, जिन्होंने उसके परिवार को नष्ट किया। वह आपसे नफरत करेगी। मैं आपका आज्ञाकारी बेटा हूँ। आप पर श्रद्धा करता हूँ। मैं यह बर्दाश्त नहीं कर सकता कि मेरी पत्नी आपको नीच और कमीना समझे। आप भी ऐसी बहू नहीं चाहेंगे जो आपसे नफरत करे।

इसलिए आपके भले को ध्यान में रखकर मैंने कल उससे कोर्ट में बिना कुछ लिये शादी कर ली। इससे आपको सन्तोष होगा। हमें आशीष दें।

चौबेजी की कथा

चौबेजी का पुत्र है अशोक। एम.ए. पहले दर्जे में कर लिया है। नौकरी की कोशिश में है। चौबेजी सोचते हैं, नौकरी तो लग ही जाएगी। इसकी शादी कर देनी चाहिए।

मिश्रजी की लड़की है—शीला। वह भी एम.ए. पहले दर्जे में कर चुकी है। उसे भी दो साल बैठे हो गए। मिश्र–मिश्राइन उसकी जल्दी शादी कर देना चाहते हैं।

चौबेजी से बातचीत चली। लेन–देन तय होने लगा। कान्यकुब्जों में एम.ए. पास, मगर फिलहाल बेकार, वर का क्या रेट है, यह सयानों से पूछा गया। सयानों ने बताया कि वैसे तो लड़कीवाले की सामर्थ्य और श्रद्धा पर निर्भर है। हमने मैट्रिक फेल कान्यकुब्ज कुमार को कानी लड़की के पिता से लाख भी दिलाए हैं। पर सामान्यत: एम.ए. पास बेकार लड़के का रेट पन्द्रह–बीस हजार के बीच है।

सयानों ने पन्द्रह हजार में तय करा दिया।

सगुन चढ़ाने की तारीख तय हो गई, महीने-भर बाद। दोनों पक्ष सन्तुष्ट थे।

इसी बीच पब्लिक सर्विस कमीशन का सहयोग मिला। अशोक डिप्टी कलेक्टर के लिए चुन लिया गया। ऑर्डर देखकर चौबेजी खुश हुए।

फिर एकाएक चौबेजी दुखी हो गए। सिर ठोंका और गाली देने लगे, "साले, नीच कमीने कमीशनवाले! हरामजादे, महीने-भर पहले यह ऑर्डर नहीं भेज सकते थे?"

चौबन ने पूछा, "लड़के की अच्छी नौकरी लगी है और तुम ऐसा कह रहे हो।"

चौबेजी ने कहा, "अरी, यही ऑर्डर महीने-भर पहले आता तो डिप्टी कलेक्टर लड़के के तीस-पैंतीस हजार नहीं मिल जाते। यह सरकार भी निकम्मी है। मैं कहता हूँ, इस देश में क्रान्ति होकर रहेगी।"

चौबन ने कहा, "तुम्हारी भी अक्ल मारी गई थी। मैंने एक-दो महीने ठहरने को कहा था, पर तुमने हुलहुलाकर सम्बन्ध तय ही कर डाला।"

चौबेजी ने कहा, "अब क्या करें?"

चौबन ने कहा, "ऐसा करो, मिसिरजी को एक अच्छी-सी चिट्ठी लिखो। वे समझदार आदमी हैं।"

चौबेजी ने मिश्रजी को लिखा—

प्रिय मिश्रजी,

अत्र कुशलं तत्रास्तु! आगे आपको जानकर प्रसन्नता होगी कि बेटे अशोक का चुनाव डिप्टी कलेक्टर के लिए हो गया है। आज ही ऑर्डर आया है। विवाह के मंगल अवसर पर यह मंगल भी हुआ। इसमें आपकी सुयोग्य पुत्री के भाग्य का भी योगदान है।

आप स्वयं समझदार हैं। नीति और मर्यादा जानते हैं। धर्म पर ही पृथ्वी टिकी है। मनुष्य का क्या है। जीता-मरता रहता है। पैसा हाथ का मैल है। मनुष्य की प्रतिष्ठा बड़ी चीज है। मनुष्य को बड़प्पन निभाना चाहिए। कर्तव्य करना चाहिए। धर्म को नहीं छोड़ना चाहिए। भगवान कृष्ण ने कहा है—'स्वधर्म मरणंश्रेय।' आशा है, आप मेरी बात समझ गए होंगे। मेरी प्रार्थना है कि अब आप दस हजार रुपए और देने की कृपा करें। हमें तो चाहिए नहीं। आप अपनी लड़की को ही देंगे।

चिट्ठी मिश्र-परिवार ने पढ़ी। विचार किया। मिश्रजी ने चौबेजी को चिट्ठी लिखी—

प्रिय चौबेजी,

आपका पत्र मिला। मैं स्वयं आपको लिखनेवाला था। चिरंजीव अशोक की सफलता से हम सब लोग बेहद खुश हैं। आयुष्मान अब डिप्टी कलेक्टर हो गया। अशोक बहुत योग्य और बुद्धिमान युवक है। वह चरित्रवान है। सुन्दर है। सुसंस्कृत

है। वह निरन्तर उन्नति करता जाएगा।

आपको भी यह जानकर हर्ष होगा कि बेटी शीला का भी आई.ए.एस. में चुनाव हो गया है। कल ही ऑर्डर आया है।

आपको यह जानकर और भी प्रसन्नता होगी कि शीला का निर्णय है कि मैं किसी जूनियर सरकारी नौकर से शादी नहीं करूँगी। इस सम्बन्ध को तोड़ते हुए मुझे बड़ा हर्ष हो रहा है।

अश्लील पुस्तकें

शहर में ऐसा शोर था कि अश्लील साहित्य का बहुत प्रचार हो रहा है। अखबारों में समाचार और नागरिकों के पत्र छपते कि सड़कों के किनारे खुलेआम अश्लील पुस्तकें बिक रही हैं।

दस-बारह उत्साही समाज-सुधारक युवकों ने टोली बनाई और तय किया कि जहाँ भी मिलेगा हम ऐसे साहित्य को छीन लेंगे और उसकी सार्वजनिक होली जलाएँगे।

उन्होंने एक दुकान पर छापा मारकर बीस-पच्चीस अश्लील पुस्तकें हाथों में कीं। हरेक के पास दो या तीन किताबें थीं। मुखिया ने कहा, "आज तो देर हो गई। कल शाम को अखबार में सूचना देकर परसों किसी सार्वजनिक स्थान में इन्हें जलाएँगे। प्रचार करने से दूसरे लोगों पर भी असर पड़ेगा। कल शाम को सब मेरे

घर पर मिलो। पुस्तकें मैं इकट्ठी अभी घर नहीं ले जा सकता। बीस-पच्चीस हैं। पिताजी और चाचाजी हैं। देख लेंगे तो आफत हो जाएगी। ये दो-तीन किताबें तुम लोग छिपाकर घर ले जाओ। कल शाम को ले आना।''

दूसरे दिन शाम को सब मिले पर किताबें कोई नहीं लाया था। मुखिया ने कहा, ''किताबें दो तो मैं इस बोरे में छिपाकर रख दूँ। फिर कल जलाने की जगह बोरा ले चलेंगे।''

किताब कोई लाया नहीं था।

एक ने कहा, ''कल नहीं, परसों जलाना। पढ़ तो लें।''

दूसरे ने कहा, ''अभी हम पढ़ रहे हैं। किताबों को दो-तीन दिन बाद जला देना। अब तो किताबें जब्त ही कर लीं।''

उस दिन जलाने का कार्यक्रम नहीं बन सका। तीसरे दिन फिर किताबें लेकर मिलने का तय हुआ।

तीसरे दिन भी कोई किताबें नहीं लाया।

एक ने कहा, ''अरे यार, फादर के हाथ किताबें पड़ गईं। वे पढ़ रहे हैं।''

दूसरे ने कहा, ''अंकल पढ़ लें, तब ले आऊँगा।''

तीसरे ने कहा,''भाभी उठाकर ले गईं। बोली कि दो-तीन दिनों में पढ़कर वापस कर दूँगी।''

चौथे ने कहा, ''अरे, पड़ोस की चाची मेरी गैरहाजिरी में उठा ले गईं! पढ़ लें तो दो-तीन दिन में जला देंगे।''

अश्लील पुस्तकें कभी नहीं जलाई गईं। वे अब अधिक व्यवस्थित ढंग से पढ़ी जा रही हैं।

❑❑❑